地势坤，君子以厚德载物。

奇墨历史 著

有温度的中国史

中国友谊出版公司

图书在版编目（CIP）数据

有温度的中国史 / 奇墨历史著. -- 北京：中国友谊出版公司 , 2025.1. -- ISBN 978-7-5057-5975-6

Ⅰ . K209

中国国家版本馆 CIP 数据核字第 20249GW993 号

书名	有温度的中国史
作者	奇墨历史
出版	中国友谊出版公司
发行	中国友谊出版公司
经销	新华书店
印刷	三河市中晟雅豪印务有限公司
规格	787毫米×1092毫米　32 开
	10 印张　206千字
版次	2025年1月第1版
印次	2025年1月第1次印刷
书号	ISBN 978-7-5057-5975-6
定价	52.00元
地址	北京市朝阳区西坝河南里17号楼
邮编	100028
电话	（010）64678009

如发现图书质量问题，可联系调换。质量投诉电话：010-82069336

前言

为什么很多人觉得历史枯燥无趣，一打开书就想睡觉？大部分历史书都强调年代、事件和图表数字，强调史实。《史记》可能是个例外，它至今经久不衰，其本纪、世家、列传部分，广为传颂，被誉为"史家之绝唱，无韵之离骚"。司马迁开创了"纪传体通史"的体例，以人物为主线讲历史，将历史讲得生动有趣。

阅读一本好的中国史读物，可以使我们变得更加聪慧，也可以更有意义。本书承袭了"纪传体"史书的传统，以人物为主体、以时间和朝代为轴线，以简洁而生动的笔法叙述中国历史。透过本书，你可以看到纷乱时代的政权更迭、兴盛衰亡，看到掌权者如何变成权力的奴隶，看到曾经血战沙场的英雄迟暮，看到才子佳人如何在时代动荡中找到归宿。

历史，本是由鲜活个体书写而成的，有血、有肉、有温度。正因如此，历史可以激发出所处不同时空中的人的热情、共鸣和思考。以古为镜，可以知兴替；以人为镜，可以明得失。翻开书本，让我们一起体察历史的温度与人类的命运，读懂中国历史。

目录

第一章

华夏缘起：
中华文脉精神的滥觞

我们的历史从哪里开始？在中华五千年历史中，上古的三皇五帝处在一个充满传说与神话的时代。他们是华夏始祖，播下文明的种子。夏、商、周三个朝代将华夏民族从部落逐渐进化成国家，那么三皇五帝是否真的存在？他们来自何处？夏、商、周三个朝代又是怎么回事？在这三个朝代之后，谁来书写下一个时代的篇章？

传说与信仰：三皇五帝

　　《史记》在夏本纪之前有五帝本纪，分别记载了黄帝、颛顼、帝喾、尧、舜的故事。秦始皇统一六国之后，想给自己换一个新称号，李斯等人建议用泰皇："古有天皇，有地皇，有泰皇，泰皇最贵。"所谓泰皇，亦称人皇。

　　在《史记》之后的年代里，三皇有了具体的名字——伏羲、燧人、神农，又有伏羲、神农、祝融或者伏羲、神农、女娲等说法。

　　传说华胥在雷泽感应怀孕，生下了伏羲与女娲，人首蛇身。兄妹二人结成夫妇，创造了中华文明。伏羲制定了人世间的规则，因此就被后世认为是三皇中的人皇。

　　神农即炎帝，亲尝百草，又发明了农具，创造了农业，所以是三皇中的地皇。

　　祝融和燧人都与火有关，祝融是火神，燧人钻木取火，火是太阳的化身，因此祝融和燧人对应着天皇。

　　而女娲相比于上古的帝王，更像是传说中的神明，捏土造人，炼石补天。到了汉朝，因为女娲与伏羲的夫妻关系，所以也一起被列入三皇之中。

其实三皇所代表的是上古时代人们对天、地、人的崇拜，而五帝则代表着对金、木、水、火、土的崇拜。

季康子问孔子："旧闻五帝之名，而不知其实，请问何为五帝？"

孔子曰："昔丘也闻诸老聃曰：'天有五行，木火金水土，分时化育，以成万物。其神谓之五帝。'"（《孔子家语》）

《吕氏春秋》记载的五帝为太皞、炎帝、黄帝、少皞、颛顼，这是当时秦国对五帝传说的认知。其实秦国一直都有祭祀四帝的传统，白帝少皞、青帝太皞（伏羲）、炎帝（神农）、黄帝。到了西汉时，刘邦问天下有五帝，为何只祭祀四帝，众臣面面相觑，无人能答，于是刘邦将黑帝颛顼也纳入官方祭祀体系之中。

除了《吕氏春秋》，还有《战国策》《尚书序》《大戴礼记》等古籍也记载了不同的五帝，作为西汉史官的司马迁适应当时的统治需要，将黄帝、颛顼、帝喾、尧、舜列为五帝。五帝一脉相承，显示了封建世袭帝王的"合法性"。

传说黄帝是少典氏后人，姓公孙，名轩辕，国号有熊。其母见"大电绕北斗枢星"感应怀孕。所谓"大电"，大概就是极光。在神农氏日渐衰落，诸侯混战的时代，黄帝打败炎帝，使诸侯归附，又在涿鹿之野打败蚩尤，于是诸侯都尊奉黄帝为天子。

黄帝教授百姓种五谷：黍、稷、菽、麦、稻，元妃嫘祖发明了养蚕缫丝，夫妻二人生有玄嚣、昌意二子，昌意娶蜀山氏女昌仆，生高阳，黄帝死后，高阳继立，是为颛顼。

根据《史记》记载，颛顼时期版图"北至于幽陵，南至于交趾，西至于流沙（张掖居延县），东至于蟠木"。

颛顼死后，由侄子高辛继承，即为帝喾。他是黄帝长子玄嚣的后人。帝喾"仁而威，惠而信，修身而天下服"，"执中而遍天下，日月所照，风雨所至，莫不从服"。帝喾死后其子挚立，不善，放勋继位，即为尧，号陶唐。

传说尧帝时期制定了历法，一年有三百六十六天，用闰月校正四时。当时洪水泛滥，放齐推荐丹朱。尧认为丹朱顽凶，不可用。谨兜推荐共工，尧又说："共工善言，其用僻，似恭漫天，不可。"

四岳推荐鲧，尧也不满意，但是没有更合适的人选，于是就让鲧负责治水，结果九年不成。

尧在位七十年欲退位，向四岳咨询人选。四岳推荐了以孝行闻名的虞舜继任。于是尧就将两个女儿嫁给舜，考察他的德行与处事的能力。经过一番考验，尧十分满意，就将天子之位禅让给了舜。

于是舜将共工流放幽陵，教化北狄。流放谨兜于崇山，教化南蛮。迁三苗于三危，教化西戎。在羽山杀掉了鲧，以此教化东夷。

由于历史久远，我们已经难以知道尧、舜禅让背后的诸多细节，是不是真如典籍所说的那样是尧对舜的德行与能力很满意才禅让于他。在先秦诸子百家的典籍中，都不约而同地提到了尧、舜禅让的故事。孔子和墨子更是盛赞尧、舜禅让这一行为。有意思的是，同期还流传着舜逼迫尧禅让的说法，比如《竹书纪年》中的"舜囚尧于平阳，取之帝位"。

禅让制在后世却是印证了后者的说法——成了改朝换代、权臣篡位的遮羞布。至于尧、舜禅让的真实性反倒不重要了，随着家天下的确立，理想中的"天下为公、选贤与能"已经成了一纸空文。

"王侯将相，宁有种乎！"和"天子，兵强马壮者为之！"这两句名言成为后世改朝换代的主旋律。

舜在位三十九年而崩，死于苍梧之野，传位给禹，五帝时代宣告结束。

相比前面带有神话色彩的黄帝、颛顼、帝喾，尧、舜的记载相对来说更有一些真实感，后世也将尧、舜视为上古先贤帝王的代表。

三代之治：夏、商、周

大约在公元前21世纪，大禹传位给启，开启了夏朝的家天下。公元前17世纪，夏朝灭亡，殷商取而代之，几千年后考古学家在殷墟发现了这个上古王朝留下的遗迹。公元前11世纪，商朝被西周取代。武王伐纣的故事被后世小说家写成《封神演义》而广为流传。那么夏朝是否真实存在？殷商是因何而来？历史上的武王伐纣又是怎么回事呢？本节我们将会讲述夏、商、周的故事，一起探寻上古的三代之治。

禹是鲧之子，黄帝的玄孙，因治水有功，而被舜选为继承人。禹没有按照传统再选择一位贤能之人，而是传王位给了自己的儿子启，由此开启了中国第一个世袭制王朝——夏朝。

近代以来，关于夏朝是否存在，一直存在诸多争议。主要原因就是目前没有出土过证实夏朝存在的文字实物。但是司马迁在《史记》中所记载的夏商世系与《竹书纪年》能够对照起来，可见《史记》的确是有所依据。而且殷墟的发现也印证了司马迁所记载的商王朝世系。20世纪发现的二里头文化遗址被认为极有可能是夏王朝的都城遗址。

启的继位并非一帆风顺，传说禹一开始并不打算传位给启，而是想传给皋陶，但是皋陶在禹继位第二年就死了，于是禹又想传位给皋陶的儿子伯益。禹死后，众人推举启为继承人，也有说启是通过战争夺位的。

在启登基后，有扈氏不愿向启臣服，启通过战争打败了有扈氏，将传子制贯彻了下来，开启了世袭制家天下。

启死后，长子太康继位，由于整日只顾着打猎，被东夷有穷氏首领羿驱逐，流亡在外。太康的五个弟弟遂在洛水岸边作《五子之歌》：

"太康尸位，以逸豫灭厥德，黎民咸贰，乃盘游无度，畋于有洛之表，十旬弗反。有穷后羿因民弗忍，距于河，厥弟五人御其母以从，徯于洛之汭。五子咸怨，述大禹之戒以作歌。

"其一曰：'皇祖有训，民可近，不可下。民惟邦本，本固邦宁。予视天下愚夫愚妇，一能胜予，一人三失，怨岂在明，不见是图。予临兆民，懔乎若朽索之驭六马，为人上者，奈何不敬？'

"其二曰：'训有之，内作色荒，外作禽荒。甘酒嗜音，峻宇雕墙。有一于此，未或不亡。'

"其三曰：'惟彼陶唐，有此冀方。今失厥道，乱其纪纲，乃底灭亡。'

"其四曰：'明明我祖，万邦之君。有典有则，贻厥子孙。关石和钧，王府则有。荒坠厥绪，覆宗绝祀！'

"其五曰：'呜呼曷归？予怀之悲。万姓仇予，予将畴依？郁陶乎予心，颜厚有忸怩。弗慎厥德，虽悔可追？'"（《尚书·五

子之歌》）

《五子之歌》提出了"民惟邦本"的思想，意为百姓是国家的根本，传说是由皋陶所提出，这一思想在后世又有"民为贵，社稷次之，君为轻""水能载舟，亦能覆舟"的阐释。

太康死后，其弟仲康继位，其后又是仲康的儿子相继位。羿驱逐了相，成为国君，后来羿又被义子寒浞所杀。

相的儿子少康投奔到有虞氏那里，联合夏室遗臣起兵攻灭了寒浞，重建了夏朝，史称"少康中兴"。

少康死后传位给杼，杼死后又传位给槐，其后又传芒、泄，到了第十一代君主不降在位时，他将王位内禅给弟弟扃，扃死后，儿子廑继位，廑死后又传给堂弟孔甲。

孔甲是不降之子，不降担心儿子无法治理好国家，于是就传位给弟弟扃。于是在扃、廑父子去世后孔甲才得以继位。

正如不降所担心的那样，孔甲迷信鬼神，好淫乱，夏朝走向衰亡，诸侯纷纷叛乱，史称"孔甲乱政"。在孔甲时期还有个关于龙的传说。据说当时上天降下了两条神龙，一雌一雄，孔甲不能喂养，有一个叫刘累的人是陶唐氏的后人，他会驯龙术，于是孔甲就让他来养这两条龙，还赐姓御龙氏。但是刘累竟把雌龙养死了，为了不被发现，刘累就将雌龙的肉送给孔甲吃，孔甲觉得味道不错，又找刘累索要，刘累非常害怕，连夜逃走了。从此以后，龙这种神兽就仅存在传说之中了。

孔甲之后又传了三世，直到夏朝的末代君主桀。桀生性暴虐，奴役百姓修建寝宫、瑶台，百姓们不堪压迫，指着太阳诅咒他："时日曷丧，予及汝偕亡！"

本是夏朝诸侯国的商国首领商汤通过吞并邻国而崛起，"十一征而天下无敌"。大约在公元前 1600 年，商汤在都城亳誓师，称武王，起兵讨伐夏桀。双方在鸣条展开了决战，夏桀败走，夏朝灭亡。夏朝国祚四百多年，历经十七代君主。值得一提的是，在夏朝时已经出现了名为夏历的历法，夏历直到西周时还存在，再往后就失传了。

商汤灭夏之后，诸侯臣服于商汤，尊商汤为天子。因商汤伐桀，武功成，所以又被称作成汤。传说商汤的始祖名为契，契的母亲简狄是帝喾之妻，吃玄鸟蛋受孕而生下了契。《诗经·玄鸟》有云："天命玄鸟，降而生商，宅殷土芒芒。"《周易》记载："汤武革命，顺乎天而应乎人。"可见到了东周时期，商汤和周武王改朝换代被视为顺天应人之事。

商汤的国都是亳，但是这个亳究竟在哪儿，从古至今一直众说纷纭。在第十一代商王中丁死后，因诸弟争夺王位，陷入了"九世之乱"（所谓"九世"指的是：中丁、外壬、河亶甲、祖乙、祖辛、沃甲、祖丁、南庚、阳甲九任商王），在此期间商朝多次迁都，国力衰弱，到了盘庚时才将国都迁到了殷，史称"盘庚迁殷"，后世也因此将商朝称为殷商。

1899 年，殷墟甲骨文出土，揭开了这个神秘王朝的面纱。1928 年考古学家开始在河南安阳进行殷墟考古工作，发现了商朝的宫殿、宗庙、建筑基址、王陵大墓、祭祀坑等遗迹，确认了这里是盘庚迁都后的国都所在。

盘庚迁殷之后，商朝进入晚商时期。在此期间，青铜器锻造技术开始成熟，司母戊鼎、商妇好偶方彝等珍贵文物的出土都证实了这一时期的璀璨文化。

与此同时，商王也从氏族社会中的军事首领逐渐进化成为国家的专制君主，为了更好地统治国家，除了贵族、官僚和军队，商朝还有了律法和牢狱。在殷墟考古中，还发现了不少奴隶人殉遗迹。这些奴隶来自诸侯进献的"人牲"以及通过战争掠夺而来的俘虏。

商朝最后一任国君帝辛名为受，天下将其称为纣王。由于《封神演义》广为流传，让纣王成为商朝历代国君中的顶流。

传说纣王荒淫无道，宠幸妲己，建酒池肉林，设立炮烙之刑，杀害叔父比干，引得天怒人怨。西伯侯姬昌善施仁德，得到诸侯拥戴，实力日渐强大，"天下三分，其二归周"。姬昌受命称王，史称周文王。

周文王死后，周武王姬发即位，决心兴兵伐商。大约在公元前 1046 年，周武王在牧野与殷商决战。《诗经·大明》记载了牧野之战的壮观景象：

"殷商之旅，其会如林。矢于牧野，维予侯兴。上帝临女，无贰尔心。牧野洋洋，檀车煌煌，驷騵彭彭。维师尚父，时维鹰扬。凉彼武王，肆伐大商，会朝清明。"

失尽人心的纣王被姬发打败，登上鹿台，自焚而死。周武王将纣王的首级斩下，悬挂于白旗杆上示众。

从成汤建商开始，商朝共历经了三十一位君主，享国五百多年，值得注意的是，商朝每一代君主的名都带有天干，甲、乙、丙、丁、戊、己、庚、辛、壬、癸，这一传统始于商朝始祖契的第八代后人——微（上甲），至于为何会这么命名，由于史料缺乏，我们已经无从得知。只知道在商朝时就已使用天干来记录周而复始的时间。

　　周武王灭商以后建立了周朝，定都镐京，将纣王之弟箕子分封于朝鲜，命纣王之子武庚延续殷商祭祀，又让自己的弟弟管叔鲜、蔡叔度辅佐武庚治理殷商故地。后来武庚因与管叔鲜、蔡叔度叛乱而被杀，周朝又将纣王的兄长微子启分封到了宋国。

　　传说周朝的始祖是后稷，他是帝喾之后，其母姜嫄是帝喾元妃，因无子而向上天祈祷，随后在野外踩到了巨人的脚印，感应怀孕，生下后稷。

　　"厥初生民，时维姜嫄。生民如何？克禋克祀，以弗无子。履帝武敏歆，攸介攸止，载震载夙。载生载育，时维后稷。"（《诗经·生民》）

　　但是这个孩子先后被母亲姜嫄抛弃了三次，却总是被救回。姜嫄这才把孩子抱回来抚养，起名为弃。后稷与尧、舜是同一时代，因教授百姓耕种土地而被尊为五谷之神。按照《国语》《史记》等史料记载，从后稷到周文王姬昌周朝共有十五位先祖。这个数字是非常不合理的，夏、商两朝共约传有四十八代君主，历史长达一千多年，在这样漫长的岁月中，周朝的每一代先祖平均要在位六十六年。今人恐怕很难想象在上古原始社会居然还能有人如此长寿，其实在汉朝时就有人质疑，认为后稷只是一个官名，而不是具体的人。

但不管怎样，后稷在周朝被尊为始祖，与帝喾、周文王、周武王以及高圉（帝喾十世孙）、公亶父（周文王之祖）一起被周朝祭祀。

大约在公元前1043年，周武王姬发去世，距离灭商仅过了三年，周成王姬诵年纪尚幼，由叔父姬旦辅政，也就是我们所熟知的周公。周公平叛乱（管叔、蔡叔之乱），建新都洛邑，将武王兄弟和周朝功臣分封为诸侯，制定礼乐以及典章制度，奠定了华夏礼仪之邦的基础。

周公有没有正式取代成王一直是史家争议的焦点，在先秦典籍中也有不少关于周公称王的记载，在成王年幼、政局不稳的情况下，周公摄政称王也在情理之中。只是后世儒家困于君臣伦理，而坚持认为周公忠心辅佐成王，没有取而代之。

有意思的是，和禅让制一样，作为周朝开国元勋的周公也和辅佐商朝五代君主的伊尹一起成为后世权臣专权的遮羞布。

虽然古往今来的圣贤都想探索世间万物运行的真理，进而制定出一套让社会和谐大同的规则，但总有一些不按照规则的事情发生，毕竟规则是理性的，现实是非理性的，总有一些意想不到的事情发生。

周朝在成王、康王之时天下太平了四十多年，史称"成康之治"。但是从昭王、穆王开始由盛转衰，到了第七代国君周懿王姬囏时山河日下，戎狄交侵，暴虐中国，百姓苦不堪言，在周懿王在位第七年时，西戎侵扰镐京，于是懿王将国都迁至犬丘。此时距离武王灭商也就只过去了大约一百五十年。

周夷王姬燮是懿王之子，本应在懿王死后继承王位，但是却被懿王之叔姬辟方夺走王位，是为周孝王。值得一提的是，在周孝王时期非子为周室养马有功，被周孝王分封到了秦地，赐号秦嬴，这就是秦国的第一代封君秦非子。

周孝王死后，姬燮终于拿回了王位，但是这位周夷王姬燮并不是什么明君，"夷王衰弱，荒服不朝"，他听信谗言，竟把齐哀公烹杀了。到了周厉王时期，国人实在忍受不了周王的暴政，拿起武器推翻了他，这就是西周历史上著名的"国人暴动"事件。周厉王逃离国都，一路跑到了彘，终其一生再未回到镐京。

而周朝就此进入了"共和行政"时期，需要特别注意的是，共和元年（前841）是中国历史有确切纪年的开始。所谓"共和行政"，又称"周召共和"，是由大臣周定公（周公后裔）和召穆公共同执政，重大事务由贵族会议决策。共和十四年（前828），周厉王去世，次年周宣王姬静（厉王之子）继位，共和时代结束，但是西周本就衰弱的国力更是大不如前。周宣王在周定公和召穆公等大臣的辅佐下革除了一些弊政，让西周得到了一时的中兴，史称"宣王中兴"。然而这个中兴对于本已衰落的周王朝来说只是回光返照罢了。周宣王在位四十六年而死，其子姬宫湦继位，他就是那位以烽火戏诸侯而闻名的周幽王。

《诗经·召旻》记述了周幽王时代的亡国景象：

"旻天疾威，天笃降丧。瘨我饥馑，民卒流亡。我居圉卒荒。天降罪罟，蟊贼内讧。昏椓靡共，溃溃回遹，实靖夷我邦。"

周幽王偏爱宠妃褒姒，将原来的王后和太子废掉，立褒姒为王后，她所生的儿子伯服也被立为太子。废太子宜臼逃到外公申侯那里，于是申侯就联合缯国和犬戎进攻西周。

三年后，周幽王在骊山遇害，西周就此灭亡。自公元前1046年武王灭商开始算起，西周共享国二百七十五年，历经十二代君主，相比夏、商的近五百年，西周不到三百年的国祚有些不够看，不过不用担心，接下来还有五百多年的东周，只是东周时天子的存在感已经低到不行了，历史舞台上的主角已经换成了各大诸侯国了，这就是我们所熟悉的春秋战国！

第二章

大争之世：
诸国权力的游戏

西周灭亡之后，诸侯护送周平王姬宜臼东迁至洛邑，建立东周。周王室再也不复昔日的权威，诸侯混战，百家争鸣，春秋战国的大幕由此拉开。

齐桓公和晋文公为何同样拿着流亡剧本，最终一个饿死，一个善终？

楚庄王为何敢于问鼎中原？

华夏两千年的精神导师孔子的一生究竟是怎样的？

"杀神"白起如何横扫列国？

在这大争之世中，谁会笑到最后呢？

春秋五霸之首、晚年却不得善终的齐桓公

　　齐桓公，春秋时期齐国的第十六任国君，吃过人肉，靠装死成功上位，九合诸侯，一匡天下，成为春秋五霸之首。然而他风光一生，最后却被活活饿死。齐桓公到底是如何走上霸主之路的？这个故事我们还得从头说起。

　　齐桓公是齐国始祖姜子牙的第十二代孙，姓姜，名小白。他还有两个哥哥，大哥是齐襄公，二哥名叫公子纠。公元前698年，齐襄公继承了齐国君位。公子小白时年18岁。[1]

　　齐襄公有一个同父异母的妹妹，名叫文姜，是春秋四大美女之一。

　　正所谓自古英雄难过美人关，齐襄公虽然算不上英雄，却同样拜倒在了文姜的石榴裙下，与其妹私通。

　　更让人意想不到的是，在私通之事败露之后，齐襄公干脆一不做二不休，杀害了自己的妹夫鲁桓公。

1　齐桓公生年，一说不详，一说约生于公元前715年，本书采用了后者的说法。另，全书涉及人物年龄方面，整体以虚岁计算。

齐襄公的倒行逆施，很快便让齐国内乱不止，公子小白的师父鲍叔牙预感到齐国将要发生大乱，于是护送小白逃到了自己的母国莒国。而公子纠也在管仲的护送下，逃亡到了鲁国。

这一晃，公子小白就在外逃亡了十余年，已到了而立之年。

公元前686年，公孙无知弑杀了自己的堂兄齐襄公，自立为君，史称"齐前废公"。可这个公孙无知仅当了一年的国君，便被自己曾经虐待过的齐国大夫雍廪伺机刺杀，齐国的权力出现了真空。

鲁国在得知情况之后，立即发兵护送公子纠回国继位，同时派管仲带兵前往截杀公子小白。

管仲在遇到公子小白之后，一箭射中了小白的衣带钩，小白咬舌吐血，假装倒地而死，管仲信以为真，便派人回鲁国报捷。这便是成语"一箭之仇"的由来。

放松警惕的鲁国军队放慢了行进的速度，六日后才抵达齐国，这时候公子小白早已日夜兼程赶回了齐国，被高傒立为齐国国君，是为齐桓公。

鲁庄公眼看煮熟的鸭子就这么飞了，一气之下出兵攻打齐国，企图以武力干涉齐国内政。齐、鲁两国在今天的山东桓台展开交战，结果鲁国大败。

战败后，鲁国处死了公子纠，并将管仲送回了齐国。在鲍叔牙的劝说下，齐桓公重用管仲，拜其为相，进行了一系列的改革，使得齐国国力空前强盛。之后齐桓公遵照管仲"尊王攘夷"的战略，九合诸侯，一匡天下，开始走向称霸之路。后人则以"管鲍之交"来形容深厚的情谊。

公元前 682 年，周庄王去世，周釐王继位。齐桓公根据齐国所处的地理位置，与邻国修好，归还了他们曾经被齐国侵占的城邑，形成了以南方鲁国、西边卫国、北面燕国、东面靠海的战略缓冲带，让齐国免除了战争的直接威胁，得以安心发展。

后来，参加过"北杏会盟"的宋国背叛盟约，齐桓公邀请陈、蔡两国一起出兵伐宋。同时以重金换得周天子的出兵支持。

宋国不想背负抗御王师、与天子作对的罪名，被迫求和，齐桓公自此觉得"拉大旗作虎皮"的办法比自己直接出兵攻伐诸侯更加有效，于是便在公元前 679 年，在鄄地举行会盟，各国诸侯看到周天子都出面支持齐国，于是便推举齐桓公作为盟主，齐桓公的霸主地位自此开始确立。这便是齐桓公"九合诸侯"的第一次。两年后，周釐王去世，周惠王继位。

公元前 672 年，陈厉公之子陈完逃到齐国，改名为田完，齐桓公将其任命为工正。而田完的后人将在日后的历史中，夺取姜姓齐国的政权，史称"田氏代齐"。

公元前 663 年，山戎攻打燕国，53 岁的齐桓公带兵救燕，途中发生了"老马识途"的典故，最终不仅大败山戎，还帮助被狄人灭国的卫国重新复国。自此齐桓公要求各诸侯国要像从前一样，给周朝纳贡，尊王攘夷，备受拥护。

公元前 655 年，周王室发生"首止之会"事件，61 岁的齐桓公受王子郑之托，与八国诸侯会盟，后来以吊丧之名在洛阳附近炫耀武力，于公元前 651 年，正式将王子郑扶上了周天子的宝座，是为周襄王。这便是齐桓公一匡天下。

同年，齐桓公于葵丘大会诸侯，周襄王自然也是很给面子，派出代表参与了会盟，制定了一系列的盟国协约，自此齐桓公霸业达到顶峰，成为中原霸主。

可齐桓公到了晚年，身边出现了公子开方、竖刁和易牙这三个小人。为了能够得到齐桓公的宠爱，这三个小人可以说是无所不用其极。

身为厨子的易牙杀了自己的儿子炖肉给齐桓公品尝；公子开方放弃了公子的地位，心甘情愿地服侍齐桓公；竖刁更是甘愿自宫也要进宫伺候齐桓公。还好有管仲的震慑，这三个人也不敢有什么大的动作。

公元前645年，管仲病重，临死前嘱咐齐桓公不要再相信这三个小人，可齐桓公并没有听取管仲的建议。

管仲死后，齐桓公也病重，再也无力掌控朝政。这三个奸佞小人便露出了本来的面目，将齐桓公幽禁在冷宫，断绝其与外界的一切联系。齐桓公只能靠着屋檐滴下的雨水苟延残喘，一代霸主就这样在饥饿中死去。齐桓公死后，五个公子各率党羽争位，齐国一片混乱。齐桓公的尸体在床上放了六十七天，才被新立的齐君收殓。齐国自此开始衰落。

晋文公走过的漫长的流亡之路

晋文公，姬姓晋氏，名重耳。春秋时期晋国的第二十二位君主，联秦合齐、勤王败楚、称霸春秋。虽然在位仅仅九年，却使得秦国不能东出，楚国不得北进，开创了晋国长达百年的霸业。

公元前697年，重耳刚刚出生，他的父亲晋献公出兵骊戎，骊戎战败求和，将骊姬和少姬两个女儿献给了晋献公。这就为晋国日后的"骊姬之乱"埋下了隐患。

自幼喜好结交士人的重耳，在17岁时，就已经有了五个品德高尚、才能出众的朋友，他们将在日后重耳的称霸之路上，起到重要作用。

一直到重耳而立之年时，晋国的日子都还算太平。公元前666年，晋献公早已年迈，骊姬姐妹二人已经不满足于晋王的宠爱，决定为自己的儿子谋一个未来。

于是在骊姬的蛊惑下，晋献公将自己的三个儿子——太子申生、重耳以及夷吾全部逐离了国都，只留下了骊姬姐妹的儿子奚齐与卓子。

公元前659年，为了让自己的儿子能够成为嗣君，骊姬以无端的罪名陷害了太子申生，致使申生自杀。

之后又开始对重耳和夷吾进行诬陷，重耳只好背井离乡，逃离了晋国。

八年后，晋献公撒手人寰，奚齐如愿继承了君位，骊姬也顺势成为国君之母。

然而以晋国卿大夫里克为代表的前太子申生的拥护者们，却先后刺杀了继位的奚齐与卓子，还把骊姬活活鞭死，晋国自此大乱。

在外流亡的夷吾以晋国河西之地换取了秦国的支持，并且答应在成为国君后会将汾阳的城邑封赏给功臣里克。

公元前650年，夷吾在秦国的支持下顺利登上了晋国的王位，成为晋惠公，可他并没有履行对秦国和里克的承诺。这也使得晋惠公在晋国彻底失去了信任。此时在外流亡的重耳已经48岁。

公元前643年，为了巩固自己的王位，晋惠公派人前往刺杀重耳，重耳只好再次出逃，前往齐国。

在经过卫国时，重耳等人受到了卫国君主和百姓的侮辱，这也为日后晋国攻打曹、卫两国埋下了伏笔。

在齐国，重耳受到了齐桓公的盛情款待，齐桓公还将少女齐姜嫁给了重耳。不用再担惊受怕的重耳，渐渐乐不思蜀，一晃就在齐国待了五年。

不久后，齐桓公去世，齐国爆发内乱，忠诚于重耳的臣子们将贪图享乐、不肯离开的重耳灌醉，抬上马车，离开了齐国，史称"醉遣重耳"。时年将近55岁的重耳又一次踏上了漂泊的旅途。

一路上，重耳一行人又受到了曹国国君和郑国国君的无礼对待，只有宋国给了他们帮助。最后，重耳历经千辛万苦来到了楚国，为了报答楚成王盛情款待的恩情，重耳许下了退避三舍的承诺。

公元前 637 年 9 月，晋惠公因病去世，太子圉顺利继位，是为晋怀公。但晋怀公继位后的所作所为，很快招致晋国上下的强烈不满。秦穆公见晋国上下民心混乱，于是便派军队一路护送重耳回到晋国，继位成为晋文公。

虽然此时的晋文公已过了 60 岁，但丝毫不影响其走向称霸之路。一年后，周襄王胞弟"王子带盗嫂"事发，与周襄王发生火并，周军大败。晋文公立即出兵勤王，杀死了王子带，护送周襄王回到了周都洛邑。周襄王大为感动，把河内、阳樊两地赐给了晋国。

又过了三年，宋国被楚国及其同盟国包围，64 岁的晋文公念在自己逃难之时，宋国曾给予过自己恩惠，于是决定回报宋国，出兵收拾了楚国的盟友曹、卫两国，迫使楚成王不得已放弃了对宋国的进攻。

但楚将子玉骄傲自负，反对撤军，坚持请求与晋国一战。楚成王无奈，只给了他很少的军队继续围攻宋国。这才有了日后的"城濮之战"。

公元前 632 年，子玉出兵攻打晋军，晋文公为了麻痹楚军，依照此前在楚国许下的诺言，为楚军退避三舍，诱使子玉轻敌深入。楚军见晋军撤退，果然上当，匆忙进行追击。

晋军最终在城濮之战中大败楚军，没脸面见楚成王的子玉也只好自杀谢罪。

城濮之战大胜后,晋文公以周天子之命召集诸侯,在践土会盟,自此晋文公成为春秋霸主。

两年后,为了阻止楚国北进,晋文公与秦穆公决定拿下郑国,阻断楚国的出路。郑文公暗中派遣烛之武挑拨秦穆公,使得秦国撤军。晋国虽未灭郑,但也使得郑国自此成为晋国的重要追随者,同时秦晋两国的关系也出现了裂痕。

公元前 628 年,晋文公去世,享年 70 岁,晋襄公继位。晋文公仅在位九年,却使得晋国一跃成为春秋时期最强大的诸侯国,为晋国日后的百年霸业打下了基础。如果晋文公能够早点儿接管晋国,或许历史将会被改写。

楚庄王扮猪吃老虎，问鼎中原

楚国受封于周成王时期，一直被中原各诸侯国认为是蛮荒之地，备受歧视，所以楚国人也不是很在乎所谓中原人的礼节，他们想称王就称王，才不会管周天子同意不同意。公元前613年，楚穆王去世，尚不满20岁[1]的嫡长子熊旅即位，是为楚庄王。

此时的中原霸主晋国，政局动荡，无暇他顾。楚国内外也是困难重重。楚庄王刚刚继位，就爆发了公子燮与公子仪的叛乱。也正是这次谋反，使得楚国错过了一次借机崛起的良机。在复杂的形势下，楚庄王只好采取以静观动的对策，表现出沉湎于声色犬马、不问政事的态度。

公元前612年，晋国派遣上将军郤缺率领晋国二军突袭楚国的附庸国蔡国，楚庄王却只顾享乐，对蔡国的求救置之不理，不久蔡都失陷，蔡庄侯只能与晋国签订了丧权辱国的城下之盟。

一年后，楚国又爆发饥荒。巴国东部的山戎族趁机袭扰楚国

1　楚庄王生年不详，史料只记载其即位时尚不满20岁。如果以即位时19岁推算，其生年约在公元前631年。下文有关楚庄王年龄的内容皆是在此基础上的推算。

西南边境，一直打到了阜山。东方的夷、越之族也趁机作乱，派兵入侵楚国的东南边境，攻占了阳丘。就连一直臣服于楚国的庸国也发动各蛮族部落造反，准备进攻郢都。短短三年间，各地的告急文书纷至沓来。天灾人祸逼得楚国几陷崩溃，而楚庄王却挂出了"进谏者，杀毋赦"的牌匾，整日田猎饮酒，不理政务。

幸亏在朝堂之中还有很多明白人。大夫苏从以死明志，劝谏楚庄王不要成为亡国之君。经过一番心理辅导后，楚庄王痛定思痛，爆发了自己的小宇宙，立即传令解散了乐队，打发了舞女，决心要大干一番事业，自此开启了称霸之路。

改头换面的楚庄王要做的第一件事就是教训此前反叛的庸国。楚军兵分两路，一路从石溪出兵，另一路从仞地出兵，联合秦国、巴国，最终将庸国灭国。

22 岁的楚庄王一鸣惊人，在他的治理下，楚国国力日益强大，但与中原霸主晋国的冲突也不断增加，爆发战争已是不可避免。

到了公元前 606 年，此时齐桓公已经去世三十七年，而晋文公也已去世二十二年，中原已经没有人可以阻挡楚国崛起的步伐。26 岁的楚庄王亲领大军北上，以"勤王"的名义攻打陆浑之戎，兵至洛水，直抵周天子都城洛邑附近，陈兵示威。周定王惶恐不安，立即派周大夫王孙满以慰劳楚军的名义，前去试探虚实。

没想到楚庄王却仗着自己南蛮的身份，做了一件其他诸侯国一直都想做却又不敢做的事情：上来就问王孙满周天子的九鼎到底有多重。幸得王孙满应对得当，才使楚国退兵。

公元前 599 年，晋、楚两国为了争夺中原霸主之位，爆发了颍北之战。楚庄王派兵伐郑，却被晋国援军击败。两年后，楚国卷土重来，楚庄王亲率楚国三军精锐再次北伐郑国，发动了自其即位以来规模最大的一次战役。

经过长达三个月的巷战后，郑国沦陷。此时晋国的援军还在路上，在得知郑国沦陷后，先縠擅自率其部下渡过黄河追击回撤的楚军，被以逸待劳的楚军在邲地打败，史称"邲之战"。

邲之战后，楚庄王饮马黄河，进逼中原其他国家，迫使郑国、许国归附，继而灭亡萧国。之后率军攻宋，迫使宋与楚结盟。至此中原主要小诸侯国皆背晋向楚，楚庄王成为中原霸主。

到了公元前596年，急于摆脱晋国控制的齐顷公，选择了和楚庄王联盟，共同制约晋国，打响了反抗晋国的第一仗。之后又瓦解了晋国东方的战略碉堡鲁国。晋国自此开始疲于奔命，应付中原诸国，试图挽回其霸主地位。

公元前591年，楚庄王因病重传位于太子审，史称楚共王。

随着楚庄王的去世，埋藏已久的楚国内部矛盾瞬间爆发，内乱不止，晋国则趁机出兵攻打齐国，齐军不敌。齐顷公被迫再次依附于晋国，与其结盟，楚国联齐制晋的计划宣告破灭。楚国由此与"争霸"二字渐行渐远，再难染指中原。

困顿与理想：两千多年来华夏的精神导师孔子

孔子的先祖是商朝的开国君主商汤，三监之乱后，为了安抚商朝的贵族及后裔，周成王封商纣王之兄微子启于商丘，建立宋国，所以孔子的祖籍是宋国的栗邑，也就是今河南省夏邑县，可谓身世显赫。

然而历史上真实的孔子过得并没有那么光彩照人，他出生在鲁国的陬邑，也就是如今的山东省曲阜市。

孔子的父亲叔梁纥在 66 岁时才娶了他的母亲颜徵在，因为两人年龄相差悬殊，为婚于礼不合，所以夫妻二人一直在尼山居住，直至怀有孔子，当时称其为"野合"，而且颜徵在并没有名分，甚至连一个妾室都算不上。

孔子 3 岁时，父亲病逝，他和母亲便被父亲的正妻驱逐出家门，来到曲阜阙里，过着清贫的生活。

公元前 537 年，15 岁的孔子便明白了知识改变命运的道理，开始学习做人和生活的本领。可两年后，生活再次给了孔子无情的打击，这一年他的母亲颜徵在去世，孔子更加落魄了，就连王室季氏宴请士一级的贵族，都将前往赴宴的孔子拒之门外。

被逼走投无路的孔子，为了能够经常回到宋国祭拜祖先，不得已在 19 岁的时候，娶了一个宋国的妻子，名叫丌官氏。

公元前 532 年，孔子就做了父亲，此时的孔子已经是一个身材魁梧的男人了。据《史记》记载，孔子身长九尺六，按照当时的度量衡计算，男子的标准身高只有一米六，而孔子却足足有一米九，放在现在也是鹤立鸡群。

孔子自 20 多岁起，就十分希望能够走仕途，复兴家族，所以对天下大事非常关心，经常对时事提出自己独到的见解，后来当了一个管理仓库的小吏。

一年后，孔子因为会干一些粗活，改作乘田，负责管理畜牧，但一直不被重用。郁郁不得志的孔子便在公元前 525 年开办了私人学校。

到了 30 岁时，孔子已经有了一些名气，连齐国国君都来和他讨论秦穆公称霸这种天下大事，孔子也因此结识了齐景公。

可此时春秋礼坏乐崩，迷茫的孔子开始四处求教。公元前 518 年，孔子问礼于老子，问乐于苌弘。一年后，鲁国发生内乱，鲁昭公被迫逃往齐国。孔子也因此跟随鲁昭公到了齐国，并受到齐景公的赏识和厚待。

然而现实往往是残酷的。公元前 515 年，齐国大夫想要加害孔子，齐景公无力庇护，孔子只好仓皇逃回了鲁国，时年孔子 37 岁。

在接下来的几年里，春秋之礼几近瓦解，孔子经过几十年的磨炼，才对人生中的各种问题有了比较清晰的认识，所以自称

"四十不惑"。

到了公元前 504 年，季氏家臣阳虎擅权日重，孔子不愿意在家臣掌政的国家为官，于是便退隐，修订了《诗》《书》《礼》《乐》，带着众多弟子开始游历各国。

四年后，52 岁的孔子终于实现了自己的报国之愿，被任命为鲁国的大司寇，摄相事，七日而诛少正卯，曝尸三日，鲁国因此得以大治。

公元前 498 年，孔子为了削弱鲁桓公三个儿子的后代——季孙氏、叔孙氏、孟孙氏三家世卿的势力，拆毁了三桓所建的城堡，史称"隳三都"。但行动却因种种阻力半途而废，孔子与三桓的矛盾也随之加深。

一年后，齐国送给鲁国八十名美女，季桓子接受女乐之后，整日迷恋于歌舞，不理朝政，孔子开始与季氏不和，就连鲁国举行祭祀分的祭肉都没有他的份儿。孔子不得已再次离开鲁国，开始周游列国的旅程。

公元前 496 年，孔子出游的第一站来到了卫国。卫灵公一开始非常尊重孔子，按照鲁国的俸禄标准给孔子一行人发放了俸禄，但就是没给他什么官职，也没让他参与政事。

一年后，因为有人在卫灵公面前讲孔子的坏话，卫灵公便开始对孔子起了疑心，还派人监视他们师徒一行人的行动，孔子只好离开卫国回到了鲁国。

公元前 493 年，孔子一行人再次出行，先后游历了卫国、曹国、宋国、郑国直至陈国。但陈国国君害怕孔子离开后被他人所用，又不想背负杀害圣贤的罪名，于是便派了一些罪犯将孔子师徒围困在前不着村、后不靠店的荒野之地，绝粮七日。最后还是弟子子贡向楚人求助，孔子师徒才免于一死。

一年后，60岁的孔子再次途经郑国前往陈国，但却在郑国都城与弟子失散，独自一人在东门等候弟子前来寻他，因此被人嘲笑颓丧的样子如同丧家之犬。

接下来的八年里，孔子并没有因为别人的嘲讽而放弃自己的理想，先后到访了蔡国、叶国、卫国，直到68岁时，被其弟子迎回了鲁国，结束了自己十四年的游历生涯，继续从事教育及整理文献的工作。

公元前482年，孔子已经70岁了，他的妻子、儿子和最心爱的弟子颜回都已先他而去，孔子十分悲伤，他称自己这时已经能做到随心行事还可以不逾越规矩。

两年后，孔子的另一个得意门生子路死于卫国内乱，还被剁成了肉酱。经过这一系列的打击，孔子自知自己时日无多，便与弟子子贡见了最后一面。

公元前479年4月11日，孔子患病不愈而卒，终年73岁，葬于鲁城北泗水岸边。

孔子的一生可以说充斥着无数的失败和无奈，在十几年周游列国推广儒学的过程中，他屡屡碰壁，就连他本人也开玩笑说，自己经常"惶惶然若丧家之犬"。然而就是在这样艰难的境况下他依旧秉持着理想，明知不可为而为之。虽然一生都没能完全实现自己的理想和抱负，但却最终桃李满天下，培育出了三千多儒家弟子，其中最著名的是七十二贤士，很多人都成了各国的高官栋梁。由他整理和撰写的书籍无一不被后世奉为经典，成为刻在中国人骨子里两千多年的文化基因，作为中国传统文化的主流思想，影响着一代又一代的中国人。孔子的教育思想，在世界范围内的影响也极为深远，他还被联合国教科文组织列为"世界十大文化名人"之首，作为万世师表，受到全世界人民的敬仰。

一代"杀神"白起，为秦国清扫统一障碍

白起，秦国郿邑（今陕西省眉县）人，战国四大名将之一。他出生在秦昭襄王贯彻商鞅变法，彻底推行军功授爵制的特殊时期。在这样的时代背景下，公元前 293 年，白起担任了左庶长，领兵攻打韩国新城。白起式歼灭战也就此开始登上历史舞台。

公元前 293 年，韩魏联军扼守崤函以阻止秦军东进，秦国丞相魏冉推荐白起为主将，出兵攻打韩、魏二国。白起上任后采用避实击虚、先弱后强的战法，命秦军主力绕至韩魏联军后方，多次击败了两国后方留守的军队，逐渐将韩魏联军主力包围于伊阙，最终消灭了韩魏联军共计二十四万人，尽占韩国安邑以东到乾河的大部分土地，史称"伊阙之战"。白起自此一战成名，因功升任国尉，也就是庶长。

公元前 292 年，白起升任大良造，发兵攻魏，一举夺取了魏国大小城池六十一座，为秦军东出崤函奠定了基础。

公元前 286 年，白起攻打赵国，夺取光狼城，斩杀赵军三万余人，史称"光狼城之战"。

从公元前 280 年开始，到公元前 278 年，白起三次伐楚，以

全胜的战绩迫使楚国割让上庸、汉水以北的土地求和。攻占楚国都城郢，焚烧了楚王的坟墓夷陵，逼得楚顷襄王改陈为都城，丢失土地无数，楚国自此一蹶不振，直到被秦国灭亡。秦国则以郢为南郡，封白起为武安君，白起自此名震天下。

公元前 273 年，白起率军攻打救援韩国的赵魏联军，大破联军于华阳，虏获韩、赵、魏三国大将，斩敌十三万，之后又与赵将贾偃交战，溺毙赵卒二万人，史称"华阳之战"。

公元前 264 年，白起攻打韩国陉城，攻陷五城，斩敌五万。第二年，白起率军断绝韩国太行道。

公元前 262 年，白起攻占韩国野王，上党郡通往都城的道路被全部断绝。韩桓惠王自知上党郡不保，决定将上党郡献于赵国，以达到韩、赵联合，抵御秦国的目的。赵孝成王与平原君赵胜商议后，决定坐享其成，接受白给的这十七座城池，一边派人去上党接收土地，一边派廉颇率军驻守长平，以防备秦军来攻。这就为秦、赵两国日后的"长平之战"点燃了导火索。

秦国和赵国对峙三年后，公元前 260 年，秦国宰相范雎以反间计使赵国起用无实战能力的赵括代廉颇为将，并秘密更换武安君白起为秦军主将。

白起采取后退诱敌、分割围歼的战法，将赵军截为三段，倾全国之力断绝赵军兵粮四十六天，最终在长平之战斩杀俘获赵军四十五万人，赵国自此一蹶不振。

公元前 259 年，秦军兵分两路，一路由王龁率领，进攻皮牢，一路由司马梗率领攻占太原。白起则亲率秦军围攻邯郸。赵国惊恐万分，派苏代用重金贿赂秦相应侯范雎。范雎害怕灭赵后自己地位不保，于是以秦兵疲惫、亟待休养为由，请求允许韩、赵割地求和。秦昭襄王应允。白起自此与范雎结下仇怨。

同年 9 月，秦军五大夫王陵再次攻赵，攻打邯郸失利。公元前 258 年，秦昭襄王欲以白起为将再攻邯郸，白起称病并上书不建议伐赵，秦昭襄王只好改派王龁接替王陵为将，结果秦国战败的消息还是不断传来，秦昭襄王与范雎商议，因白起迟迟不肯奉命，派使者赐剑命其自刎。公元前 257 年，一代名将白起在杜邮自杀。

第三章

天下一统：

秦砖汉瓦起宫阙

公元前356年，秦孝公任用商鞅变法，走向崛起之路，奋六世之余烈，最终完成一统天下之大业，开启了两千余年帝制时代。然而秦朝作为中国历史上第一个帝制王朝，仅存在十五年就轰然倒塌。楚汉相争，最终刘邦胜出，汉朝四百多年由此开启。

这是中国第一次走入大一统时代，秦汉帝国为后世留下了无数宝贵遗产。

秦始皇如何统一中国？为何秦朝仅存十五年就灭亡了？

刘邦开创汉朝，吕后临朝称制，文景之治奠定全盛时代的基础。

汉武帝开疆拓土，晚年为何逼死儿子？

本是远支宗室的刘秀如何开启汉朝2.0？

文能提笔安天下，武能上马定乾坤，班超为何投笔从戎？

秦汉帝国统一四百多年，最终会迎来什么结局呢？

功与过：争议不休的千古一帝嬴政

秦始皇，嬴姓，赵氏，名政，又称赵政或者祖龙。他的父亲是秦国并不受宠的公子异人，祖父是时为安国君的秦孝文王，曾祖父是秦昭襄王嬴稷。因为异人的父亲有二十多个儿子，加上秦、赵两国当时的关系十分紧张，所以不受宠的异人就被送到了赵国为质。

公元前 259 年，秦昭襄王四十八年正月初一，嬴政出生于赵国邯郸。此时嬴政的父亲已经在吕不韦的帮助下认了秦孝文王的宠妃华阳夫人为母，并改名为子楚。

嬴政 2 岁时，秦国派王龁围攻赵国邯郸，赵国一气之下便想杀了子楚。子楚只好与吕不韦用重金贿赂守城的官吏，丢下妻儿逃回了秦国。

公元前 251 年，秦昭襄王去世，秦孝文王即位，华阳夫人成为正宫王后。一路讨好华阳夫人的子楚在华阳夫人的帮助下，逆袭成为太子。赵国此时也只好将赵姬和嬴政送归秦国，此时 8 岁的嬴政第一次踏上秦国的土地。

可没想到，守孝一年后的秦孝文王，加冕才三天就突发疾病去世，子楚顺利登上王位，是为秦庄襄王。而奇货可居的吕不韦也因功被立为秦相，封文信侯。

公元前247年，秦庄襄王去世，嬴政即位，此时距离秦昭襄王去世不过四年。由于嬴政即位时只有13岁，所以国政皆由相邦吕不韦把持，嬴政尊其为仲父。

吕不韦不仅把持朝廷，还与太后赵姬偷情。随着嬴政年纪不断增长，吕不韦担心东窗事发，想离开太后，又怕太后怨恨，于是便把自己的门客嫪毐假施腐刑，拔掉胡须，献给太后。嫪毐仰仗着太后的权力在雍城建立起了庞大的势力，不仅以秦王嬴政的假父自居，还和太后生下了两个私生子，成为秦国仅次于吕不韦的一股政治力量。

到了公元前239年，秦王嬴政已经21岁，到了即将亲政的年龄，但此时秦国朝廷中却掀起了一场激烈的政治斗争，一系列突如其来的背叛给嬴政带来了巨大的考验，但同时也给他创造了掌握自己命运的机会。先是王弟长安君成蟜在率军攻打赵国时中途谋反，投降了赵国。一年后，嫪毐又因与太后的奸情败露，于是打算一不做二不休，趁着嬴政到雍城蕲年宫举行冠礼之机发动叛乱。

嬴政在化解了两次反叛之后，将嫪毐车裂，曝尸示众，又摔死了嫪毐与太后所生的两个私生子。借机罢免了吕不韦的相职，放逐巴蜀。吕不韦饮下毒酒自杀。

至此，22岁的秦王嬴政开始亲政，此时，秦国已经吞并了巴、蜀、汉中等地，嬴政按照秦国贵族的建议，颁布了"逐客之令"，想逐出六国食客，但却被李斯的《谏逐客书》及时劝阻，嬴政遂重用与自己心意相通的尉缭、李斯等人，积极推行统一战略，走上了吞并六国的称霸之路。

公元前 236 年，赵国出兵攻燕，秦国以救燕之名派战神王翦率军兵分两路夹攻赵国，先后攻取了赵国多座城邑，将漳水流域纳入秦国国土。两年后，秦军再次大举攻赵，得胜后在赵国境内设置了雁门郡和云中郡。

公元前 231 年，魏、韩两国迫于压力，先后多次向秦国纳地求和，秦国在韩国的南阳设置了郡守，第二年南阳郡守内史腾率军攻韩，俘虏了韩王安，于韩地建置颍川郡，韩国灭亡。

公元前 229 年，秦将王翦率军直下井陉，与河内地区的秦将杨端和合围赵国都城邯郸。赵国名将李牧临危受命，倾全国之兵抵御强秦。王翦自知李牧不除，就无法迅速取得胜利，于是通过贿赂赵王身边的宠臣郭开，使赵国临阵换将，撤下了同为战国四大战神之一的李牧。一年后，李牧死，邯郸破。秦王嬴政亲赴邯郸，坑杀了幼年时欺负过自己的仇家，并在邯郸一带建立了邯郸郡。虽然赵公子嘉率领其宗族数百人逃到了代郡自立为王，但此时的赵国已名存实亡。

公元前 227 年，燕国太子丹派荆轲刺杀秦王嬴政失败。秦国借机命大将王翦、辛胜率军攻燕，在当初燕国太子丹送别荆轲的易水以西大败燕、代两国联军。并于第二年攻下了燕国都城蓟，燕王喜只好迁都辽东，并杀死了太子丹向秦国求和。

两年后，秦国将军王贲率军攻魏，包围了魏都大梁，也就是如今的开封市，并引黄河水灌城，三个月后，魏王出降，魏国灭亡。嬴政在魏国的东部地区建立了砀郡。

同年，嬴政不听王翦之言，命李信、蒙恬率二十万秦军伐楚，秦楚两军在城父邑相遇，楚军趁秦军不备发起反攻，大败秦军。嬴政只好请老将王翦出山，给王翦六十万大军出征，最终秦军大破楚军于蕲，迫使楚将项燕自杀，攻入楚国都城寿春，俘虏了楚王负刍。

公元前 222 年，王翦平定楚国的江南地区，降伏了越国之君，设置了会稽郡，楚国灭亡。同年，王贲攻下辽东，俘虏了燕王喜，燕国灭亡。接着又回师攻代，俘虏了代王嘉，建立代郡和辽东郡，嬴政时年 37 岁。一年后，秦将王贲从燕国南下攻齐，俘虏了齐王建，齐国灭亡。

嬴政从公元前 230 年开始，到灭齐时止，耗时近十年，陆续兼并六国，进而完成统一大业，使中国进入帝国时代。

秦王嬴政命群臣重新商议一个新的称号。李斯认为"秦皇"可以作为新称号，而嬴政却将三皇五帝组合起来，称为皇帝。秦王嬴政就是始皇帝。并且规定后代皇帝以"二世三世至于万世"的方式传承下去。然而大秦帝国并没像秦始皇所想的那样传之无穷，它仅存在了十五年。而他所开创的皇帝制度则存在了两千余年。

为了巩固政权，秦始皇实行了一系列的改革政策——废分封，行郡县，书同文，车同轨，统一度量衡，兴修水利。同时，他南征百越，北击匈奴，修筑万里长城。

天下太平后，从齐、燕来的儒生方士们便把儒家的"封禅"稍做包装，改头换面，宣传说自古帝王莫不举行封禅典礼。所以从公元前219年至公元前215年，秦始皇到东方沿海、江淮流域以及北部等地巡游，所到之处，无不刻石颂其功德。

到了统治后期，秦始皇开始迷恋起长生不死之术，笃信命数。这就使得一些怪迂苟合之徒纷纷前来招摇撞骗。

公元前215年，一些儒生开始对秦始皇的长生之道进行劝谏，博士淳于越甚至还建议秦始皇恢复分封制。可在秦始皇听来，这是对帝国政治根基的挑战。于是在李斯的奏议下，秦始皇下诏要求各地烧毁除《秦纪》以外的六国史书以及诸子百家著作，谈论《诗》《书》者处死。至此百家争鸣的时代被终结。

那些秦始皇耗费巨额财富豢养的方士不仅没有求得长生不死之药，反而在背后对他大加嘲弄，震怒的秦始皇下令活埋方士、儒生四百六十余人。尽管事件的导火线并非真正的儒生，但坑儒还是被后人和焚书联系在了一起。

公元前210年，49岁的秦始皇在第五次东巡途中病死于沙丘宫。秦始皇死后，赵高说服胡亥，威胁李斯，伪造诏书，将胡亥扶上了皇位，并逼迫扶苏、蒙恬自杀。虽然李斯依旧是丞相，但朝廷的大权实际上已经落到了赵高手中。赵高的阴谋得逞以后，就把李斯逐步逼上死路，李斯虽然上书告发赵高，但没想到胡亥不仅偏袒赵高，还将李斯治罪，腰斩于咸阳。

到了公元前207年，丞相赵高逼迫秦二世自杀于望夷宫中，去秦帝号，并立子婴为秦王。五天后，子婴诛杀赵高。同年十月，刘邦率兵入关，在位仅四十六天的子婴投降刘邦，秦朝彻底宣告灭亡。然而秦朝虽亡，大一统的帝制时代却才刚开始！汉朝四百多年即将拉开大幕！

草根与雄心：布衣天子刘邦的一生

公元前 256 年的一天，在如今的江苏省徐州市丰县，一个即将改变历史的男孩呱呱坠地，他就是日后建立西汉帝国的汉高祖刘邦。

少年时的刘邦额头高高隆起，鬓角和胡须十分漂亮，左边的大腿上有七十二颗黑痣。为人宽厚仁爱，性格十分开朗，平时不拘小节，放在现在就叫作务实、接地气，因此结交了许多朋友。但最信任的那个还得数和他一起读书长大的卢绾。

年纪稍长以后，刘邦仍然不喜欢下地劳动，整日游手好闲，因此没少被父亲训斥，周围的乡亲也都认为刘邦胸无大志，谁家的姑娘都不愿意嫁给这个穷小伙。

其实刘邦有自己的小九九，他曾经仰慕魏国的英雄信陵君魏无忌，做梦都想当他的门客。但苦于年纪太小，加上经济实力不允许，一直未能如愿。等到他有能力西行至魏国时，信陵君早已故去多年。但此时恰巧信陵君的门客张耳在招纳门客，阴差阳错之下，刘邦与张耳结下了深厚的情谊。

公元前 225 年，魏国被秦国所灭，张耳也随之成为秦廷的通缉要犯，门客皆四散而去，刘邦也只好回到了沛县家乡。

两年后，秦国灭楚，将楚国的旧郡改设为泗水郡，刘邦所在的沛县就处于泗水郡的管辖之内。此时的刘邦已经 33 岁，并且通过考核成了秦吏，做了沛县泗水亭长，官职大约相当于现在的派出所所长。负责管理治安的时间长了，刘邦跟沛县的官吏们混得很熟，在当地也算小有名气。

在一次送服役的犯人前往咸阳的路上，刘邦恰好碰到了秦始皇出行的大队人马，看到秦始皇坐在装饰华丽的车上，威风八面，刘邦不禁有感而发，大丈夫就应该像这样。由此可以看出刘邦的志向和胸怀。相反，当项羽看见秦始皇的车队时，却是充满了嫉妒和憎恨。

约公元前 222 年，吕公在山东老家和人结下仇怨之后，搬到了沛县定居，因为他和县令的关系十分要好，于是很多趋炎附势之人纷纷登门拜访，以求搞好关系。当时主持接待客人的就是沛县的主簿萧何。

爱凑热闹的刘邦自然不会错过这个场合，只不过人家是来送礼的，而刘邦却只带了一张嘴，空手前来。善于相面的吕公对刘邦一见如故，不顾家人的反对，将女儿许给刘邦。这个女儿便是中国历史上有记载的第一位皇后和皇太后——吕雉。

平静的生活一晃就过去了十多年，直到公元前 209 年，刘邦在一次押送徒役前往骊山途中，因自己酒醉而使徒役在半路趁机逃跑。刘邦害怕被治罪，只好亡命于芒砀山下的沼泽地区，也就是在此地发生了"斩蛇起义"的故事。

此时又恰值秦末农民起义爆发,刘邦便与萧何、曹参一起杀了沛县县令。因为萧何、曹参都是文吏,担心举事不成,被秦朝诛灭九族,于是在大家的拥护之下,刘邦就成了沛县的县令。

依据楚制,刘邦自称沛公,设祭坛,立赤旗,义军很快就扩充到了三千多人。此时的刘邦已经48岁了。

刘邦起事后,立即对周边的郡县发起了进攻,先是拿下了丰邑,又率军进入薛县,还在途中结识了张良。与此同时,原楚国贵族的后代项梁、项羽也在吴中起兵,并采纳范增的建议,拥立楚怀王的孙子熊心为楚王,定都盱眙。刘邦便前往薛县投奔了项梁,还击败了秦将章邯的车骑部队,收复了许多秦军占领的魏国城池,史称"定魏地"。

公元前208年,项梁被章邯偷袭,在定陶兵败身死。楚王便借机夺了吕臣与项羽的军权。为了制衡项羽,还将刘邦封为武安侯,升任砀郡长,统率砀郡兵马,仅将项羽封为长安侯。刘邦此时的地位实际上比项羽要高。

与此同时,击败项梁的章邯再次率军北上进攻赵国,赵王歇遣使向楚国求救。为了分散秦军的力量,楚王决定派以刘邦为主将的西路军向西直接攻秦,让以宋义为主将的北路军前去救赵,并约定谁先入主关中,谁就是关中王。

公元前207年,刘邦引兵西进,一路上聚集了众多陈胜和项梁的散卒,并在杠里击败了王离,大破秦军;又在高阳收获了高阳酒徒郦食其,按照郦食其的谋划,刘邦一路攻无不克,一直打到了武关。

而此时秦国最后的希望章邯也已投降了项羽，秦朝丞相赵高眼见大事不好，急忙杀了秦二世，想要和刘邦平分关中。刘邦混迹社会多年，岂能被赵高忽悠？于是采取张良的计谋，奇袭武关，并在蓝田击破了秦朝最后的武装力量。至此，秦王子婴素车白马，向刘邦献上了传国玉玺，秦朝灭亡。刘邦则退兵灞上，召集当地的名士，和他们约法三章，大得民心。

项羽此时在击败章邯之后，也领兵直奔关中而来。范增劝项羽乘机除掉刘邦，而刘邦则依张良之计面见项伯，以和项伯做儿女亲家为由，说服项伯替自己说好话，这才逃过了一劫。

第二天刘邦带着张良、樊哙来到项羽的军营，赴鸿门宴，诞生了耳熟能详的鸿门宴传奇。鸿门宴之后，项羽便领兵西进，进入咸阳，烧阿房宫、杀秦王子婴，自称"西楚霸王"，成为军队的最高统帅，而楚王则被尊为义帝，后被项羽所杀。

本来大局已定的项羽，却拒绝了谋士"自王关中"的建议，坚持衣锦还乡，并按照自己的喜好将各路将军分封为王，为日后大厦倾倒埋下了隐患。

公元前206年，各路诸侯在戏下罢兵，各自回到自己的封国。而被封为汉王的刘邦，则忍气吞声地领兵进入汉中，并烧毁了栈道，麻痹项羽，以示自己再也无意东出。可还没过几个月太平日子，齐国的贵族后裔田荣就因为对分封不满，赶走了齐王，自立为王。刘邦则拜韩信为大将军，乘机挥军东出，明修栈道，暗度陈仓，重返关中，很快便击败了章邯，并再次用计欺骗项羽，使其相信自己取得关中后就会心满意足，再无所图。项羽还真就信了，于是放心地去攻打田荣，结果使自己深陷战争的泥潭无法抽身，这就给了刘邦一个千载难逢的机会。

公元前 205 年，刘邦在平定了三秦之后，准备东出与项羽一争天下。刘邦大军很快就攻下了河内，并以义帝被杀为借口，号召各路诸侯王率兵与自己一起讨伐项羽，自此四年楚汉战争的序幕正式拉开。

同年 5 月，刘邦趁项羽深陷齐国、无力抽身的机会，率领诸侯联军五十六万一举攻占了西楚国都彭城。短暂的胜利使刘邦失去了理智，整日与诸侯喝酒庆祝。项羽急率轻骑兵三万回袭彭城，毫无防备的联军被杀二十余万，刘邦仅率数十人逃脱，以汉为首的反楚联盟自此瓦解。

幸亏韩信等人在京索之战中击败了西楚的追兵，汉军才得以稳住阵脚重整军队，依托关中的有利地势和项羽展开了长期的对抗。

公元前 204 年，韩信在潍水之战中歼灭齐楚联军，完成了对楚军侧翼的战略迂回，并派灌婴率领一路汉军直奔彭城。腹背受敌的项羽兵疲粮尽，只好与刘邦以鸿沟为界，中分天下，东归楚，西归汉。

第二年，项羽引兵东归，刘邦本来也想退兵，占据半壁江山回家过过老婆孩子热炕头的幸福生活，但在张良的提醒下，还是觉得不能放虎归山，决定全力追击楚军。

公元前 202 年，刘邦、韩信等人率各路汉军共计七十万，与久战疲劳的十万楚军在垓下展开决战。韩信采用诱敌深入的战术，将项羽的部队分割成两半，大败楚军。项羽只好带着两万伤兵退回阵中。

之后韩信又命汉军士卒夜唱楚歌，致使楚军士卒思乡厌战，军心瓦解。项羽只好率领八百名精兵突围，行至乌江时，仅剩下二十八骑，不肯回江东的项羽最后全军覆没，自刎而死。刘邦君临天下，定国号为汉，并兑现了先前的诺言，大封异姓王。

鉴于各诸侯国占据了大汉江山的多半疆土，异姓诸侯王在封国内部军政独立，尾大不掉，给中央集权统治带来了极大威胁，于是刘邦决定削除异姓诸侯王。经过五年的努力，各大封国绝大多数转入刘氏子孙手中，只有长沙王吴臣的长沙国得以幸免，韩信、彭越被废后，更是被吕雉害死。

公元前195年，刘邦杀白马为盟，与诸将定下誓约："非刘氏而王者，天下共击之。"这就是历史上著名的"白马之盟"。但此时的刘邦年事已高，加上平定英布叛乱时中了箭伤，回到长安之后，身体就一天不如一天了。弥留中的刘邦，向吕后交代了自己死后的人事安排。

公元前195年，刘邦驾崩于长安长乐宫，享年62岁。刘邦死后，汉惠帝刘盈即位，吕雉被尊为皇太后，实行无为而治，为后来的"文景之治"打下了坚实的基础。吕雉执政后期重用吕氏家族，开启了汉代外戚专权的先河。

被"黑化"的皇后吕雉

吕雉，字娥姁，砀郡单父县（今山东单县）人，生年不详。其父吕公为了躲避仇家，搬到了沛县，投奔时为沛县县令的好友。在一次宴会上，善于看人面相的吕公在见到刘邦之后，便对刘邦那大富大贵的面相大吃一惊，不顾所有人的反对，当场就决定将女儿吕雉嫁给刘邦。

吕雉初嫁给刘邦时，称得上是很贤惠的女人，不仅要替刘邦照顾父母，还要带着孩子下地干活，挣钱养家，就连刘邦和别人的私生子刘肥，吕雉也是悉心照料，毫无怨言。而刘邦却常戴着一顶自制的竹帽，不是在闲逛，就是四处骗吃骗喝。不富裕的生活过得倒也算平静。

公元前 209 年，刘邦在一次押送徒役前往骊山的途中，因醉酒而使徒役在半路趁机逃跑，刘邦害怕被治罪，只好亡命于芒砀山下的沼泽地区。吕雉除了要独自支撑起这个家，还要不时长途跋涉，为在外避难的丈夫送去衣物和食品。

不久之后，吕雉为刘邦生下了一儿一女，也就是后来的汉惠帝刘盈和鲁元公主。秦末农民起义爆发之后，刘邦便开始四处征战，而吕雉则留在沛县照顾父母子女，丝毫没有让刘邦操心。

三年后，刘邦被项羽封为汉王，派兵出武关，想要接回自己身在沛县的妻儿老小。可谁知却被进驻阳夏的楚军所阻。一年之后，刘邦一举攻下楚都彭城，但很快又被回防的项羽击败，刘邦只好抛下妻儿老小独自逃跑，吕雉等一众刘邦家属也沦为楚军的俘虏。在被俘的三年里，吕雉不仅没有埋怨刘邦，还将全家上下照顾得非常好。

直到公元前 203 年，楚汉议和，吕雉才被项羽释放归汉。可本以为可以自此过上好日子的吕雉，在回到刘邦身边后，却发现刘邦的身边早已有了一个年轻貌美的新宠戚夫人，人老珠黄的吕雉备受冷落，在楚汉战争的几年中，只能作为留守，而伴随刘邦四处出征的都是戚夫人。

吕雉此时也已放弃了对刘邦的幻想，开始追逐自己的权力，迅速地成为汉决策集团的重要人物，开始一心照顾太子，为太子以后继承刘氏江山做准备。可令她万万没想到的是，贪心不足的戚夫人，不仅独自霸占了刘邦的宠爱，让吕雉独守空闺，还将目光投向了太子的宝座。

公元前 197 年，戚夫人向刘邦乞求，想让自己的儿子刘如意成为汉朝的太子。此时的刘邦早已被忽悠得晕头转向，看着长相酷似自己的刘如意和身边美丽娇艳的美人，刘邦彻底抛弃了一直与自己同甘共苦、不复青春的吕雉。于是便以刘盈"仁弱""不类我"为由，想要改立戚夫人的儿子刘如意为太子，这就触碰了吕雉的底线。更立之事因为朝中大臣的反对，一直没有实现。性格刚毅的吕雉，此时已经从当初的大家闺秀，蜕变成了一个历经生活磨砺，练就了坚强外壳的大汉王后。为了巩固自己的权势，吕雉开始杀人立威。第一个被她选中的就是已经被废为淮阴侯、软禁在京中的韩信。她趁刘邦在外征战之际，与萧何用计杀掉了韩信，从而成功地震慑了其他功臣。为了保住自己儿子的太子之位，吕雉还让人劫持了张良，逼着张良献计，从而请来了刘邦十分重视的"商山四皓"来辅佐太子。

公元前196年，梁王彭越被刘邦废为庶人，彭越在被削职流放蜀地的路上恰巧遇到了吕雉，并向吕雉哭诉自己的委屈。吕雉一边答应帮助彭越向刘邦申冤，一边将彭越带回了咸阳。不仅以放虎归山后患无穷为由将其处死，还将彭越剁成了肉酱分赐予其他诸侯王。在刘邦称帝的八年时间里，吕雉协助刘邦，镇压叛逆，打击了割据势力，对巩固汉朝政权的统一起到了重要作用，也为她日后的掌权做了充分准备。

一年后，刘邦在平定英布叛乱时受了致命的箭伤。预感到自己生命已走到尽头的刘邦，废立太子的愿望变得更加强烈了。张良以妲己之下的商朝、褒姒之下的周朝为前车之鉴，力劝刘邦不要改立太子，劝阻无效之后，便托病不再上朝。作为太子太傅的叔孙通更是以死相谏，而刘邦却只是嘴上假装听从，实则废立太子的想法丝毫没有改变。直到在一次朝宴上，看见太子身边站着的"商山四皓"，指着他们对戚夫人说："我想更换太子，但有他们四个人辅佐他，太子的羽翼已经形成，难以更动了。吕后才是你的主人了。"从此之后，刘邦再也不提废立太子之事。不久之后，刘邦病逝，吕雉在刘邦死后的四天里秘不发丧，准备杀光所有功臣，但最后在郦商的劝解下放弃此举，随后刘盈即位、大赦天下，吕雉开始独掌大权。

同年 12 月，做了皇太后的吕雉开始对刘邦宠幸的妃子进行报复，将她们全部囚禁起来，不准出宫，只有薄姬因为极少见到刘邦，得以跟随儿子回到了封地，戚夫人则被吕雉幽禁在永巷，剃去头发，颈束铁圈，穿上囚徒的红衣让她舂米做苦役。但不知收敛锋芒的戚夫人还是没有听懂刘邦最后的一番话，激怒了吕雉，最终被斩去手脚，熏聋双耳，挖掉双目，抛入了茅厕之中，让其自生自灭。更可怕的是，吕雉还将儿子刘盈叫过来观看自己的"杰作"，刘盈自此以后开始认为母亲惨无人道，并再也不愿处理政事。

在之后七年时间里，刘盈都生活在母亲的强权之下，吕雉先是违背刘盈的意愿，将他的亲外甥女张嫣立为皇后，之后废除挟书律，鼓励民间藏书、恢复旧典，还开始命人修筑长安城。

公元前 188 年，刘盈因为忧郁而病逝。吕雉则立太子刘恭为帝，自己临朝称制，行使皇帝职权，成为中国太后专政的第一人。朝中重要的职位皆被吕氏一族所掌控，从而也开启了汉朝外戚专权的先河。吕雉为了强化自己的统治，在采取"无为而治"的同时，重用宠臣和宦官，还打破了刘邦"非刘氏而王者，天下共击之"的盟约。吕雉的所作所为，遭到刘氏宗室和大臣的激烈反对。

两年后，刘恭因为说错话得罪了吕雉，不仅被废黜了皇位，还丢了性命。吕雉再次改立常山王刘义为皇帝，并将其改名为刘弘。

公元前180年，吕雉病重，她临终前仍没有忘记巩固吕氏天下，不仅将掌握军政大权的重要官职都安排给了吕氏一族，还嘱咐他们要牢牢掌握军队，不要离开皇宫为自己送葬，以免被人有机可乘。不久之后，62岁的吕雉病逝。吕雉死后，立即爆发了刘氏皇族集团与吕氏外戚集团的流血斗争，最终齐王刘襄发难于外，陈平、周勃响应于内，战斗以皇族集团的胜利而告终。诛灭吕氏势力后，大臣们先是废黜了皇后，之后又杀了少帝刘弘，拥立了一个没有强大势力的娘家支持且血脉纯正的刘氏子孙刘恒继承帝位，是为汉文帝。

旌旗半卷，汉土万里：汉武大帝的开拓

汉文帝死后，其子刘启继位，也就是汉景帝。在刘启继位后不久，刘彻出生，也就是汉武帝。

刘彻之母王娡在入宫之前曾嫁给一个叫金王孙的人，生下一女金俗。王娡之母臧儿找来相士为女儿算命，相士称王娡贵不可言，于是臧儿就想方设法把王娡送进了时为太子的刘启的宫中。刘启非常宠爱王娡，两人先后生有三女一男，即平阳公主、南宫公主、隆虑公主以及汉武帝刘彻。

公元前 153 年，汉景帝将长子刘荣立为皇太子，4 岁的刘彻也因为皇子的身份被封了胶东王。刘彻有一个姑母，即馆陶公主刘嫖，她是汉景帝的姐姐。刘荣被立为太子以后，馆陶公主为了扩大自己的权势，就想把女儿陈阿娇许配给太子，没想到自己热脸贴了冷屁股，被太子的生母栗姬果断拒绝了，理由竟然是馆陶公主总是给汉景帝寻找美女。

恼羞成怒的馆陶公主一气之下，便向刘彻的生母王娡求亲，没想到年幼的刘彻却展现出了极高的情商，当即表态，日后若是能娶陈阿娇为妻，一定给她造一座金屋，将她藏起来。这就是历史上著名的"金屋藏娇"。

公元前 151 年，经过馆陶公主和王娡的不懈努力，胜利的天平逐渐开始向刘彻倾斜，没有扛住耳旁风的汉景帝，因为废黜薄皇后事件，逐渐疏远了栗姬。一年后，汉景帝将太子刘荣废为临江王，并立王娡为皇后，7 岁的刘彻也顺理成章地被立为太子，实现了华丽的逆袭。

公元前 141 年，16 岁的刘彻在刚刚举行完冠礼之后的第十天，汉景帝驾崩，汉武帝刘彻正式登上了皇位，开启了自己长达 54 年的执政之路。陈阿娇也顺理成章地成为皇后。但刘彻即位之初，以太皇太后窦猗房（一说名猗）和皇太后王娡为代表的外戚在朝中拥有庞大的势力，刘彻凡事都必须"奏事东宫"，很是郁闷。

一年后，刘彻想要推行儒学改革，但却被崇尚黄老之学的太皇太后窦猗房扼杀在了萌芽之中。馆陶公主自居拥立之功，也经常对刘彻提出各种各样的要求。加上陈阿娇越来越骄妒，这就使得起初获得独宠的她逐渐被刘彻疏远。但最终刘彻还是小胳膊拗不过大腿，干脆啥也不干了，开始韬光养晦，沉湎于微行和狩猎。当时的大汉常年被匈奴骚扰，"灭胡"就成了血气方刚的汉武帝最重要的战略目标。

19 岁时，刘彻命张骞出使西域，试图与迁徙到西域的匈奴世仇大月氏结成军事同盟。但张骞却在途中被匈奴扣押，结盟"灭胡"的计划没有成功。

公元前 135 年，太皇太后窦猗房去世，22 岁的汉武帝刚刚掌权，匈奴就派使者来到汉朝，理直气壮地要求和亲。刘彻虽然想对匈奴全面开战，但最后还是采纳了主和派的主张，再韬光养晦一段时间。

公元前134年，汉武帝先是令郡国举孝廉，策贤良。董仲舒献天人三策，提出"罢黜百家，独尊儒术"。汉武帝之后起用自己的舅舅田蚡为丞相，用来制衡窦氏，开始逐步为自己彻底掌握朝政做准备。

一年后，一个叫作王恢的人向刘彻提出了马邑之谋，试图预先在马邑谷中设下埋伏，之后利诱匈奴军臣单于入境，灭之。可计策还没开始，就被匈奴人识破了，三十万汉军设好埋伏，结果等了个寂寞，王恢也因此在入狱后自杀。即使在这种不利的情况之下，刘彻也未对匈奴退让半步，他决定加快自己彻底掌握朝政的计划。

公元前131年，汉武帝借灌夫骂座之事，处死了窦氏一族的代表窦婴，看似在秉公处理，实则是在敲打田蚡。不久之后，田蚡病故，刘彻便开始起用功臣、外戚以外的官吏，乃至出身微贱之人，打破了非列侯不得为丞相的惯例，开启了先拜相再封侯的先河，主父偃、公孙弘等肱股之臣都是在这一时期被起用的。

一年后，因为汉武帝十分宠幸姐姐平阳公主家一个叫卫子夫的歌女，陈阿娇十分嫉妒卫子夫，便屡次加以迫害，最终作茧自缚，被汉武帝废黜。卫子夫不仅人长得漂亮，还"陪嫁"了一个弟弟和一个外甥，他们就是卫青和霍去病。

公元前129年，28岁的汉武帝不顾主和派恢复和亲以换取稳定的言论，果断起用卫青、霍去病北击匈奴，开启了卫青的七战之路。结果这个卫青一出手便技惊四座，破龙城，收河套，将匈奴揍得一看见他撒腿就跑，自此汉朝在对匈奴的战斗中逐渐居于主动地位。

对外战争旗开得胜的汉武帝，在加强中央集权上也取得了可喜的收获。公元前127年，汉武帝采取了主父偃大一统的政治策略，颁布了天下第一阳谋推恩令，又制定了左官律和附益法，严格禁止诸侯王参与政事，裁抑丞相职权，依靠亲信和近臣参与决策，从而形成了内朝和外朝分列的政治体制。

公元前124年，汉武帝派卫青率十万汉军大败匈奴右贤王。两年后，汉武帝立刘据为皇太子，并起用了自己的外甥霍去病。霍去病也不负所望，一战封侯。西征匈奴，开拓了河西走廊，使浑邪王部四万余人降汉，之后陆续设置四郡，隔绝了羌人和匈奴的往来，控制了前往西域的道路。最重要的是卫青和霍去病深知汉武帝对以外戚身份操控朝政、招揽宾客之事恨之入骨，所以行事低调，以避免触犯皇权，因此备受汉武帝喜爱。

公元前119年，汉武帝调遣了全国的兵力，派卫青、霍去病同时上阵，发动了规模空前的"度漠"作战，深入漠北，大破匈奴。自此匈奴远遁，"漠南无王庭"。汉匈之间的大规模作战告一段落之后，汉武帝又将剑锋指向了其他方向，开挖昆明池练习水军，将广征四夷、教通四海立为人生新的目标，准备继续开疆拓土。但仅仅过了两年，一代战神霍去病就因病去世。

公元前113年，南越丞相吕嘉不愿归汉，杀死了汉朝前往南越劝降的使者，汉武帝一怒之下发兵灭掉了南越，设置南海等九郡，将今广东、广西、海南以及越南中北部地区并入了汉朝版图。

在之后的几年里，汉武帝又西征大宛，东并朝鲜，使汉朝疆域东抵日本海，北逾阴山，西至中亚，南到越南，比秦始皇时期扩大了一倍。但汉朝对外的征战也给了匈奴喘息的机会，经过十余年的休养生息，匈奴的元气有所恢复，再加上卫青、霍去病此时都已去世，匈奴则重新成为汉朝的边患。

公元前 101 年，56 岁的汉武帝再次下诏征讨匈奴，试图彻底解决匈奴问题，但却数次征战不利，李陵、李广利等将领更是投降了匈奴。数十年的连续对外用兵，使得民力疲敝、民怨四起，最终爆发了农民起义，汉武帝也因此背负了"穷兵黩武"的称号。

就在汉武帝的文治武功达到鼎盛之时，他晚年信奉巫术，变得疑神疑鬼。公元前 91 年，一个名叫江充的绣衣使者利用汉武帝的疑心病，栽赃太子刘据用巫蛊之术诅咒汉武帝。这个绣衣使者就是汉武帝时期出现的一支秘密督察部队中的一员，发现不法问题可代天子行事。最终因为巫蛊之祸，导致太子和卫子夫自杀。汉武帝也因为自己的过失，妻离子散，彻底沦落为孤家寡人。

公元前 89 年，汉武帝在封泰山、禅石闾以后，召见群臣，下《轮台诏》，追悔以往的过失，表示自己以后要与民休息，再也不打仗了。

一年后，年近七十的汉武帝自知时日无多，于是托孤霍光，要其辅佐幼子刘弗陵做皇帝。为了防止后宫干政，汉武帝以子弱母强为由将刘弗陵的母亲处死。

公元前 87 年，汉武帝在五柞宫驾崩，葬于茂陵。

太史公说："汉兴五世，隆在建元。"汉武帝一朝，武有卫青、霍去病、李广利等大将为汉朝外攘夷狄、开疆拓土；文有董仲舒、东方朔、桑弘羊等名臣为其内修法度，推行儒术；张骞凿空西域，开通的丝绸之路，更是架起了古代东西方经济文化的桥梁。汉武帝刘彻绝对称得上是雄才大略、文治武功的千古一帝。

光武中兴：从零开始，开启大汉 2.0

西汉末年，王莽以外戚身份崛起，逼迫幼主刘婴禅让，改朝换代，建立新朝。从此禅让制这一上古制度重新被捡起来了，成为之后一千多年里权臣篡位的标准流程之一。王莽开国之后推行了一系列改革政策，但是王莽的改制非但没有取得多少成果，反而惹得天怒人怨，叛乱四起，东汉即将登场……

刘秀，字文叔，南阳蔡阳（今湖北省枣阳市）人，出生于公元前 5 年，刘邦九世孙，汉景帝第六子长沙王刘发的后裔。其父刘钦官至南顿县县令，娶当地大户樊重（追封寿张侯）之女樊娴都为妻，两人生有三子三女，刘秀是其中最小的儿子。

在刘秀 8 岁那年，父亲刘钦病逝，因而被叔叔刘良收养。长大后的刘秀"身长七尺三寸，美须眉，大口，隆准，日角"。二哥刘縯取笑他整日只知道种地，颇有老祖宗刘邦的兄长刘仲的风范。

刘縯所说的刘仲指的是刘邦的二哥代王刘喜，在匈奴攻打代国时，他竟然弃城而逃，一路跑回洛阳。刘縯用刘仲打比方，言外之意就是刘秀胆小懦弱。刘秀也不争辩，只是一笑而过。

公元 9 年，王莽废孺子婴为定安公，正式代汉称帝，建立了新朝，西汉在历经二百一十年的统治之后灭亡。

新朝天凤年间（14—19），刘秀前去长安深造，学习《尚书》，略通大义，还与邓禹等人结成好友。

公元 22 年，因王莽推行的改革不切实际，又触动了上至豪强、下及平民的利益，加上天灾不断，中原赤地千里、哀鸿遍野。各地纷纷爆发起义，刘秀的长兄刘縯倾家破产，结交天下豪杰，正式打出了"复高祖之业，定万世之秋"的口号，宣布起义。而 28 岁的刘秀则处事极为谨慎，经过深思熟虑之后，见天下确已大乱，方在宛城起义，与兄长刘縯会众起兵。

一年后，西汉宗室刘玄被绿林军的主要将领拥立为帝，刘縯和刘秀虽然不满，但迫于绿林军人多势众，又有强敌在前，只能暂且同意。刘縯被封为大司徒，刘秀则受封为偏将军。此举大大震动了新朝，王莽立即派遣各州郡精兵共四十二万扑向昆阳、宛城一线，力图一举扑灭这个新生的更始政权。面对来势汹汹的王莽军队，刘秀率十三名骑兵乘夜出城，四处搜集了一万七千名精兵，回救昆阳。以千余精锐为前锋，反复猛冲，斩杀新军无数，士气大振。随后又以勇士三千人，迂回到敌军的侧后方，偷渡昆水，向新军大本营发起了猛烈的攻击。昆阳守军也乘势出击，新军一时大乱，纷纷夺路逃命，互相践踏，积尸遍野。最终新朝号称百万大军的主力覆灭于昆阳城下，绿林军攻入长安，王莽死于混战，新莽政权土崩瓦解。

然而就在刘秀马不停蹄地南下攻城略地之时，他的兄长刘縯却因得罪了更始帝刘玄而被杀。自知实力悬殊的刘秀只能强忍悲伤、韬光养晦、隐忍负重。为了不被更始帝猜忌，刘秀急忙返回宛城，向刘玄谢罪，最后被拜为破虏大将军、武信侯，还迎娶了他思慕多年的新野豪门千金阴丽华。

一年后，虽然此时新莽王朝已经覆灭，但黄河以北的各州郡都还处于观望状态，赤眉军在山东也发展迅速，声势日益壮大。刘秀想尽一切办法，最终让更始帝派遣自己北渡黄河，出抚河北。刘秀到了河北不久后，就取得了南栾之战的胜利，攻破邯郸。见刘秀在河北日益壮大，更始帝极为不安，立即派出使者，封刘秀为萧王，并要求刘秀交出兵权。刘秀则以河北尚未平定为由，拒不领命。自此，刘秀与更始政权公开决裂。

公元 25 年，刘秀在鄗城千秋亭即皇帝位，为表示对汉室的重视，刘秀建国后仍然使用"汉"的国号，史称东汉，自己则成为汉世祖光武皇帝，后定都洛阳。

而此时的赤眉军也拥立了小皇帝刘盆子建立了新政权，拥兵三十万，进逼关中，与更始帝发生了火并，最终更始帝向赤眉军投降，被封为长沙王，但赤眉军也因此受到了重创。刘秀乘势出击，一举将兵士疲敝、粮草缺乏的赤眉军击败，至此，纵横山东十余年的赤眉军被刘秀扼杀在血泊之中。

从公元 26 年开始，刘秀用五年的时间，东征西讨，基本上控制了除陇右和巴蜀之外的广大中原之地，统一了东方，与西北陇右的隗嚣、西南巴蜀的公孙述形成鼎足之势。之后又历时四年，平定了陇西。刘秀称帝后，并没有像刘邦那样屠戮功臣，而是分封了三百六十多位功臣为列侯，只解其兵权，让其回到自己的封地。

公元35年，刘秀率军从南北两个方向，对益州的公孙述展开进攻。大司马吴汉率荆州兵六万，沿长江西上入蜀；盖延率诸军自陇西南下攻河池入蜀。沿途郡县纷纷降附，刘秀的大军直逼江州。

一年后，公孙述战死，成都守军投降，刘秀登基后用了十一年终于平定了天下，使得自新莽末年以来四分五裂、战火连年的中国再次归于一统。但在此期间，百姓伤亡惨重，战死和病饿而死者不计其数，天下人口锐减至原来的五分之一。

公元51年，为了使饱经战乱的中原之地尽快恢复和发展，刘秀实行轻徭薄税的政策，并发展农业生产、兴修水利，还多次发布释放奴婢和禁止残害奴婢的诏书，使得自西汉末年以来大量失去土地的农民沦为奴婢的问题得到了极大的改善，也使得战乱之后大量土地荒芜、人口不足的问题得到了解决。到了刘秀统治的末期，全国人口数量达到了两千多万，比之前增长了一倍还多，经济也得到了极大的发展。

公元57年，刘秀在南宫前殿逝世，享年62岁，其子刘庄继位。

刘秀的一生结束了农民战争、军阀混战与地方割据的混乱局面。他励精图治，在政治上提倡"柔道"治国，改革官制，精简机构，优待功臣；在经济上，休养生息，实施度田，发展经济；在文化上，大兴儒学，推崇气节，史称"光武中兴"。

投笔从戎的外交王者班超

　　班超，字仲升，扶风平陵（今陕西省咸阳市）人，他的父亲班彪是东汉著名的史学家，哥哥就是开创了断代史著述先河的班固，也就是《汉书》的作者。

　　班超从小耳濡目染，阅读了大量的史书典籍，尤其喜欢看《春秋公羊传》。不仅如此，班超的口才非常出众，如果不出意外的话，班超会像他的父兄那样成为一代史学大家，然而班超并不甘于在抄抄写写中度过一生，他有着更为远大的志向。

　　东汉永平五年（62），班超之兄班固被召入京，担任校书郎，班超与母亲也一同迁居到洛阳。因为家境贫寒，班超只能靠着替官府抄写文书来维持生计。有一天，汉明帝问班固："你弟弟在哪里？"班固回答："为官写书，受直以养老母。"于是汉明帝任命班超为兰台令史，掌管奏章和文书。可不久之后，班超就因过失而被免职。

　　此时，西域诸属国自王莽篡汉之后就脱离了中央王朝的管辖，被北匈奴所控制。北匈奴在得到西域人力、物力的支持后，实力大增，屡次进犯河西，边地百姓苦不堪言。

公元 73 年，班超决定投笔从戎，跟随奉车都尉窦固出征西域。汉朝时期，人们通常把今天甘肃阳关、玉门关以西，也就是现在新疆和更远的广大地区称为西域。在这片气候干燥的土地上有大大小小数十个国家。班超一到军中，就显示出了与众不同的才能。他率兵与北匈奴交战，斩获甚多，因此深受窦固赏识。不久之后，窦固便派班超第一次出使西域。班超带领三十七人的使团首先来到鄯善国。鄯善曾经叫作楼兰，是中原前往西域的必经之地。可令班超没有想到的是，匈奴也派出了一百多名武士来到鄯善国。班超果断决定"不入虎穴，焉得虎子"，当天晚上，他带着三十六名手下突袭了匈奴使团的驻地，全歼了一百多名匈奴人。鄯善国的国王也因此重新点燃了跟随东汉帝国的信心。自此班超拉开了他在西域三十多年传奇岁月的序幕。

公元 74 年，班超再次率队出发，沿塔克拉玛干沙漠向西挺进，顺着西域南道依次收复各国。这次匈奴人早于班超来到了于阗国，并派巫师蛊惑于阗国王。班超得知后，先是设计将巫师杀掉，之后凭借着自己在鄯善国诛杀匈奴人的威信，说服了于阗国王归降东汉。就这样，班超以他的谋略和果决，彻底拿下了西域南道，并将下一个目标锁定为临近西域南北两道交会点的疏勒国。此时，匈奴的盟友龟兹国已将疏勒国的国王杀害，拥立了听命于自己的傀儡新王。班超先是派手下田虑设计擒拿了这位新国王，之后重新拥立老国王的侄儿成为新的疏勒王，疏勒国归汉。与此同时，窦固率军攻破北道的强国车师国，切断了匈奴和龟兹国、焉耆国的联系，与南道的班超相呼应，最终使得西域再度归汉，西域都护府得以恢复，班超和他的三十六个弟兄则留在了疏勒国，继续为国效力。

公元 75 年，汉明帝去世，龟兹国和焉耆国在匈奴的支持下，趁汉朝大丧的机会，攻陷了西域都护府，只有三十六名部下的班超则成了东汉在西域仅存的军事力量，被围困在疏勒国之中，而龟兹、姑墨等国也屡屡发兵，进攻汉朝属国疏勒。班超与疏勒国王互为掎角，首尾呼应，在盘橐城据守，虽然势单力孤，但仍坚持了一年多。

一年后汉章帝刘炟即位，担心班超独处边陲，难以支持，于是下诏命班超回国。疏勒国和于阗国的百姓在得知此事后，放声大哭，不忍班超离去。为了替大汉守住这得之不易的西域，班超决定将在外军令有所不受，违抗了汉章帝撤兵的皇命，固守在疏勒国，继续承担起守卫西域的重担。

公元 78 年，班超率领疏勒等属国的士兵一万多人攻破了姑墨国，斩杀敌军七百余人，将龟兹孤立。之后上书汉章帝，表明自己不需要朝廷出兵、出钱，只要允许自己带着三十六人继续留在西域，西域都护府的旗帜就可以永远飘扬。汉章帝爽快地答应了班超的请求，并象征性地派给他一千名士兵。

经过六年的力量积攒，班超认为时机已到，准备调集属国疏勒和于阗的兵马进攻莎车。东汉朝廷也派和恭为代理司马，率八百精兵增援班超。可没想到莎车王却私下用重礼贿赂了疏勒王，使得疏勒王反叛，占据了乌即城。班超则改立新的疏勒王，经过两年的苦战，平定了疏勒的叛乱，使西域南道再次畅通。

公元 87 年，班超率于阗诸国兵力二万五千人再次进击莎车。龟兹、姑墨等国合兵五万前往救援莎车。面对敌强我弱的形势，班超使出调虎离山之计，诱使敌军主力离营，并乘机直扑莎车大本营，最终击退了龟兹的五万援军，迫使莎车降汉。

公元 90 年，大月氏出兵七万，东越葱岭，攻打班超。班超预料到敌军粮草将尽，一定会派人到龟兹求救，于是预先设下埋伏，将使者杀死，最终迫使大月氏每年向汉朝进贡。

一年后，龟兹、姑墨、温宿等国主动遣使称臣。东汉再设西域都护府，并将班超任命为西域都护。至此西域诸国，只剩焉耆、危须、尉犁三国尚未归降，其余各国，都已平定。

公元 94 年，班超调发龟兹、鄯善等八个属国的部队共七万人，进攻焉耆、危须和尉犁。用了不到一年的时间，就使得东汉再次统一西域全境。朝廷为了表彰班超的功勋，下诏封他为定远侯，食邑千户。在统治西域期间，班超还派遣甘英出使罗马帝国，但最终甘英被波斯湾所阻，不得不返回西域。

在西域生活了三十年之后，班超自感久居偏远异地，逐渐开始思念故乡，昔日与他一同战斗的三十六个兄弟都已不在人世，公元 100 年，班超上书汉和帝，请求返回故乡，汉和帝被班超的奏章所感动，于是召班超回朝，至此班超共在西域生活了三十一年。

公元 102 年，班超回到洛阳，被任命为射声校尉。班超的胸肋本来就有病，入朝不久后，便病情加剧。在返回洛阳一个月后，班超病逝。随后在匈奴再次大举来犯之时，班超的儿子班勇带领五百名士兵，用了五年的时间第三次打通西域，使得驼铃之声在丝绸之路上再次响起。

　　班超以他非凡的政治和军事才能，在西域征战的三十一年里，始终正确地执行着汉王朝"断匈奴右臂"的政策，自始至终立足于争取多数，分化、瓦解少数，驱逐匈奴势力，因此战必胜、攻必取，收服了西域五十多个国家，不仅维护了东汉的安全，而且加强了与西域各属国的联系，为西域的回归做出了卓越贡献。班超官至西域都护，封定远侯，世称"班定远"。

第四章
魏晋南北朝：
华丽的黑暗时代

这是一个混乱的时代，改朝换代如同家常便饭，皇帝不再是皇帝，而是权臣手中的傀儡。挟天子以令诸侯，加九锡、封公封王、权臣篡位纷纷上演。

从风云迭起的三国时代，到同室操戈的八王之乱，再到东晋十六国的混乱不止，漫长的乱世何日迎来统一的曙光？元嘉北伐、孝文帝改革、侯景之乱，分裂了三百多年的华夏终于走向统一，那么最终的胜利者会是谁呢？

曹操，赤子之心还是乱世奸雄？

东汉末年，外戚、宦官轮流执政，大将军何进作为外戚欲杀十常侍未成，反被十常侍所杀，袁绍等人带兵入宫，把宦官势力血洗一空，困扰了东汉一百多年的外戚、宦官问题解决了，但是东汉也即将走向灭亡。混乱的时代开始了。

曹操为汉相曹参之后，其父曹嵩是宦官曹腾的养子，而这个曹腾曾服侍过四代汉帝，颇有名望。后来曹嵩继承了曹腾的侯爵，到汉灵帝时期，已官至太尉。可以说曹操是一个名副其实的官二代。

少年时，曹操就表现出了对武艺的爱好与才能，他博览群书，尤其喜欢研究兵法，而且任侠放荡，随机应变的能力很强，这些都为他后来的军事生涯打下了稳健的基础。

当时汉朝设立的任用官员的一种科目叫作举孝廉，谁能孝顺亲长、廉能正直，谁就可以被提名做官。曹操在 20 岁时，便被举为孝廉，来到京都洛阳为郎，不久之后，被任命为洛阳北部尉，简单点来说，就是在一群皇亲国戚住的地方，负责管理秩序。血气方刚的曹操上任之后就申明禁令、严肃法纪，还制造了十多根五色大棒挂在衙门左右，声称"有敢犯禁者，皆棒杀之"。此时的曹操还只是单纯地想做汉室的好官。可这群皇亲国戚哪管你什么禁令，很快就有人做了出头鸟。宦官蹇硕之叔违禁夜行，被曹操用五色棒打死。至此"京师敛迹，无敢犯者"，但曹操也因此得罪了一些当朝的权贵，碍于其父亲曹嵩的关系，曹操被明升暗降为顿丘令。

到了公元178年，曹操又因为自己的堂妹夫宋奇被宦官诛杀，受到牵连，被免去了官职，只好回到家乡谯县居住。

两年后，曹操又被朝廷征召，任命为议郎。此时，东汉朝廷宦官乱政，大将军窦武等人便谋划诛杀宦官。但不料事情没有成功，自己反而被宦官所害。曹操曾多次上书汉灵帝，说明窦武等人为官正直却遭陷害，致使奸邪之徒满朝，而忠良之人却得不到重用的情形。虽然言辞恳切，却没有被汉灵帝所采纳。随着东汉朝政的日益腐败，曹操此时已深知汉室再也无法匡复。

公元184年，黄巾起义爆发，曹操拜骑都尉，受命与皇甫嵩等人合军进攻颍川的黄巾军。曹操凭借自己杰出的指挥能力，大破黄巾军，斩敌数万，因功被升为济南相。在济南相的岗位上，曹操仍然初心不改，治事如初。面对治下十多个县的县吏依附权贵、贪赃枉法、无所顾忌的行为，曹操大力整饬，一下奏免了大部分长吏，使整个济南为之震动，贪官污吏纷纷逃窜。最终在曹操的治理下，济南郡政教大行，一郡清平。本以为可以靠着政绩一步步地为朝廷效力，可无奈当时正是东汉政治极度黑暗的时刻，买官卖官甚至都有了制度，曹操因为不肯迎合权贵，便托病回归乡里，暂时隐居。

公元 188 年，汉灵帝为了巩固自己的统治，削弱外戚大将军何进的兵权，在洛阳的西园招募壮丁，设立西园八校尉，34 岁的曹操因为其家世而被任命为八校尉中的典军校尉。

一年后，汉灵帝驾崩，太子刘辩登基，何太后临朝听政。大将军何进便想借机诛灭十常侍，却没有得到何太后的支持。何进不顾曹操等人的劝阻，执意征召停留在河东郡的董卓率部入京，想以此来胁迫何太后同意诛杀宦官。没想到，还没等到董卓入京，何进就被宦官的手下谋杀。而董卓趁机入京乱政，把汉少帝废为弘农王，改立其弟陈留王为汉献帝，自称太师，专擅朝政。曹操见董卓倒行逆施，不愿与其合作，于是改名换姓逃出了洛阳，回到陈留，散尽家财招募义兵，号召天下英雄一同讨伐董卓。

公元 190 年，袁术等人共同推举渤海太守袁绍为盟主，起兵讨董。被联军击败的董卓胁迫献帝迁都长安，自己则焚毁宫室，挖开王陵，劫掠百姓，致使洛阳方圆二百里荒芜凋敝，不复人烟。而关东联军因惧怕董卓凉州军的战斗力，无人敢向关西推进，全都屯兵在酸枣一带互相观望。只有曹操认为董卓焚烧宫室、劫迁天子罪不可恕，于是独自引军西进，兵至荥阳时，被董卓手下的大将徐荣击败，士兵损失大半，曹操自己也身负箭伤，幸得堂弟曹洪所救，才幸免于难。而关东诸军名为讨董，实际上各自心怀鬼胎，都想伺机发展自己的势力，不久后诸军之间发生摩擦，相互火并，联军至此解散。

两年后，青州的黄巾军发展壮大，连破兖州郡县，斩杀了兖州刺史刘岱。38 岁的曹操被众人迎为兖州牧。曹操"设奇伏，昼夜会战"击败了黄巾军，获降卒三十余万，人口百余万。曹操将黄巾军的精锐组成了青州兵，开启了自己的称霸之路。

公元 193 年，曹操大败袁术、黑山军与南匈奴，并率军征讨陶谦，进兵徐州，开始向东南扩展势力。但最终因军粮将尽，只好撤军。

一年后，曹操的父亲曹嵩和弟弟曹德在前往投奔曹操的路上，被陶谦派兵杀害，曹操再次发兵征讨徐州，据《后汉书》记载，曹操杀徐州男女数十万，鸡犬不留，导致泗水为之不流。可就在这时，东郡守备陈宫因对曹操不满，迎立吕布为兖州牧，抄了曹操的大本营，只剩下两个县依靠着夏侯惇和荀彧等人的坚守，还在曹操的掌握之中。曹操立即撤兵回救，与屯兵在濮阳的吕布相持百余日，后因蝗灾大起，双方才就此罢兵，曹操还军鄄城。至此，不仅兵粮用尽，还失去了兖州，要不是程昱的劝阻，曹操还真就投靠了袁绍。

公元 195 年，曹操整军再战吕布，三次将其击败，平定了兖州。吕布兵败，逃往徐州，投靠了刘备。这一年还发生了一件大事，因李傕、郭汜的火并，汉献帝从长安逃了出来，下诏让各路诸侯前来勤王。曹操看准时机，迎接东行的汉献帝，开始"奉天子以令不臣"。之后又用了四年时间，先后破袁术、灭吕布、降张绣、逐刘备，将势力扩张到了黄河以北，逐步走上人生巅峰。

公元 199 年，45 岁的曹操为了应对与袁绍的战争，亲自率军屯兵于官渡，并派投奔自己的刘备截杀了想要北上的袁术。可刘备却与董承等人奉"衣带诏"谋划诛杀曹操，并袭杀徐州刺史车胄，占据了徐州。曹操则以迅雷不及掩耳之势回军击破刘备，可袁绍并没有趁机发兵进攻曹操，因而错失击败曹操的最佳时机。

一年后，袁绍命大将颜良进兵白马，自己则率大军屯兵于黎阳，拉开了大战的序幕。按理说，曹操的实力比袁绍要弱得多，其总兵力不过几万人，而且曹操所占的地盘又是四战之地，怎么说曹操都没有胜算。可善于听取别人意见的曹操，最终还是扬长避短，依靠正确的战略战术，赢得了官渡之战的胜利。击溃了自己最大的敌人，自此曹操统一北方已是大势所趋。

公元 202 年，袁绍病逝，他的两个儿子袁谭和袁尚为了权力发生火并。袁谭战败后，向曹操求救，曹操则趁机率军光明正大地击败了袁尚，将自己的大本营迁到邺城，收获了洛阳。之后又以负约之名，攻灭了袁谭，至此冀、青二州平定。

从公元 205 年开始，曹操用了三年时间，收服以张燕为首领的黑山军，消灭了袁绍的外甥高干的势力，平定并州。远征乌桓，斩杀乌桓单于蹋顿，俘获胡、汉俘虏二十余万，彻底肃清了袁氏势力。

在统一北方之后，曹操开始开辟玄武池训练水军。废三公，恢复丞相制度，并自任汉朝丞相。将兵锋转而向南，进军征伐荆州的刘表。可还没等曹军到来，刘表就病逝了，他的儿子刘琮举荆州之众投降了曹操。曹操本想乘势一举鲸吞江东，但在鲁肃和诸葛亮等人的努力下，刘备和孙权结成联盟。孙权命周瑜率军三万，与刘备合军共同抵抗曹操，双方隔江对峙，周瑜用诈降之计大破曹军。赤壁大败后，曹操只得率军从华容道撤军北还。

公元 211 年，曹操因南下受挫，将剑锋转向西北，作《求贤令》，提出不拘品行、唯才是举的用人方针，想尽一切办法将人才收罗到自己的身边。并率大军亲征关中，大败关中联军，先后消灭了关西十一部、张鲁等割据势力，占有了陇西之地，使凉州地区基本得到平定。汉献帝则准许曹操"赞拜不名、剑履上殿"，跟曾经的汉丞相萧何享受同等的待遇。

公元 213 年，59 岁的曹操亲率四十万大军，再次南征。孙权则率军七万，前至濡须口抵御曹军。两军相持月余，由于春雨瓢泼、江水上涨，曹操见难以取胜，便率军北还，留下了"生子当如孙仲谋"的千古名句。此时的曹操被汉献帝册封为魏公，加九锡，建魏国，定国都于邺城。同样设置丞相、太尉、大将军等百官。

到了公元 216 年，汉献帝再次加封曹操为魏王，位在所有诸侯王之上，并且可以奏事不称臣，受诏不拜，出行等一切待遇皆如汉制，王子皆为列侯。曹操名义上虽非天子，但实际已经有了天子之实。

一年后，63 岁的曹操再次南征，率军猛攻濡须口，并击败孙权，孙权只好遣使请降，曹操答应孙权的要求并允诺重新结为姻亲。之后马不停蹄地率大军赶往关中，坐镇长安，以应对向汉中发起进攻的刘备。与此同时，边塞硝烟再起，曹操只好命曹彰北征并大破乌桓鲜卑联军。

公元 219 年，刘备自阳平关南渡沔水，驻军于定军山，夏侯渊出兵与刘备争夺有利地势，但被黄忠所斩，曹操得知后，亲率大军前往夺取汉中，但是刘备坚壁不出，曹操在与刘备相持数月后，决定放弃汉中，撤往长安。可还没等屁股坐热乎，关羽就趁襄、樊兵力空虚之际，向曹操发起了进攻。擒于禁，斩庞德，将樊城团团围住，曹操只好从关中赶到洛阳，亲自指挥救援樊城。最终联合孙权偷袭了荆州要地江陵，这才结束了襄樊战役。战后孙权遣使入贡，向曹操称臣。

公元 220 年，曹操在洛阳病逝，享年 66 岁，谥魏武王。临终留下《遗令》："汝等时时登铜雀台，望吾西陵墓田。余香可分与诸夫人，不命祭。诸舍中无所为，可学作组履卖也。"

同年，曹丕逼迫汉献帝退位，建魏称帝，追尊曹操为太祖武皇帝。

刘备：三分天下有其一，百折不挠终成器

刘备是汉景帝之子中山靖王刘胜的后裔，但经过推恩令的实施，到了刘备这一代，因为父亲早亡，所以就只能和母亲靠织席贩履来维持生计。

少年的刘备在同宗叔父的资助下，与公孙瓒一起拜在卢植门下学习。但刘备却不怎么爱读书，只喜欢结交豪杰，当地的豪侠都争先恐后地依附于刘备。此时恰逢大商人张世平和苏双等人来到涿郡贩马，于是资助了刘备人生中的第一桶金，使得刘备得以集结起一支自己的队伍。

刘备 24 岁时，爆发了黄巾起义，他带着自己的队伍在镇压起义的战斗中立下了战功。

四年后，刘备又参与了镇压张纯叛乱的战斗，因为前后两次军功被封为安喜县的县尉。可还没等刘备过几天当县尉的瘾，朝廷就下令要精选淘汰那些因军功而成为官吏的人。刘备在此时也正巧得知了该郡的督邮，也就是代表太守督察官吏的人，要下令淘汰刘备。于是刘备来到督邮入住的驿站求见，但没想到对方竟然没给自己面子，于是刘备怀恨在心，将督邮捆绑起来，在鞭打

了百余下之后，就带着关羽和张飞弃官而逃。

不久之后，大将军何进派毌丘毅到丹杨募兵，刘备则在途中加入了毌丘毅的队伍，并在战斗中再次立下军功，被封为下密县丞。可能是嫌官职太小，没做几天，刘备就辞职不干了，投奔到同门师兄弟公孙瓒麾下，当了一个别部司马。别看这个名字挺好听，其实就是当时东汉朝廷为了安抚有功人员而设置的一个官名，甚至连正式编制都没有，江东的孙坚等人也都被封过这个虚职。

到了公元191年，31岁的刘备因为在对抗袁绍的战斗中多次立下战功，被公孙瓒任命为平原县的县令，不久之后升任平原国相。在平原期间，刘备外御贼寇，在内则乐善好施，深得人心，就连前往刺杀他的刺客都被刘备打动，不忍心下手。

不久之后，黄巾余党管亥率军攻打北海，北海相孔融命太史慈突围向刘备求救，刘备想都没想，立即派出三千精兵随太史慈前往救援北海，击退了黄巾军，这也为日后刘备入主徐州埋下了伏笔。

公元194年，曹操以为父报仇之名攻打徐州，刘备再度带着几千人马和幽州的乌丸骑兵前往救援。陶谦也爽快地给了刘备四千丹杨兵，并让刘备驻扎在小沛。刘备一看，这陶谦比公孙瓒爽快啊，于是就改投了陶谦。而此时曹操也因为后院起火，只好撤兵，刘备则被陶谦表为豫州刺史。几个月后陶谦病重，刘备在众人的劝说下接管了徐州，自此有了自己的根据地。

可两年后，刘备却被自己的仁慈坑了一回。就在他与袁术大军对峙的时候，曾经被自己收留的吕布却趁机偷袭了下邳，就连媳妇都被吕布抓走了。这突如其来的变故使得刘备军心涣散，最终被袁术打败。刘备走投无路，只好反过头来向吕布求和，重新回到了最初的起点，驻扎在小沛。等刘备好不容易又将队伍扩充到了一万多人，吕布怕刘备东山再起，率军将他辛辛苦苦拉扯起来的队伍再次打散。就这样心灰意冷的刘备来到了许县，投奔了曹操，被封为豫州牧。这也是人们称刘备为"刘豫州"的原因。

公元198年，刘备为了报仇，派人抢了吕布运送的一批黄金，遭到了吕布大军的进攻，虽然曹操派出夏侯惇率先前往援救，却被吕布击败，刘备只好独自逃走，家眷再次被吕布俘虏。在逃跑的路上，刘备碰到了亲率大军征讨吕布的曹操，曹操击败吕布后，刘备力劝曹操将其杀死。

在许县待了一年后，刘备与车骑将军董承受衣带诏合谋诛杀曹操，恰巧在此时，袁术准备北上投奔袁绍，于是曹操派刘备率军前往下邳截击袁术。没想到刘备刚刚击败袁术，衣带诏的事情就被曹操知晓了，刘备只好杀了徐州刺史车胄，正式举兵反曹。

公元200年，曹操亲自东征刘备，刘备战败，关羽被擒。无处容身的刘备只好投奔袁绍。官渡之战后，刘备与关羽重逢，又率军投奔了荆州的刘表，并屯兵于新野。可深受荆襄豪杰拥护的刘备，很快便引起了刘表的猜疑，自此开始提防起了刘备。

就这样，刘备在刘表的手下一干就是六个年头，虽然在博望坡以伪遁之计，设下伏兵击败了曹军，但终究因为兵力有限，没有什么作为，这才有了刘备的"髀肉之叹"，对自己的虚度光阴、一事无成感到深深的自责。

公元 207 年，47 岁的刘备前往隆中请出了自己人生中的总设计师诸葛亮，获得了《隆中对》。此时刘表病重，想要将荆州托付于刘备，可谁知道这时候曹操却亲率大军南下，刘表的次子刘琮还没等开战，便率众投降了曹操。孤立无援的刘备只好再次踏上了逃跑的征途。

公元 208 年，刘备联合孙权在赤壁大败曹操，并趁着周瑜围攻江陵城的时机，率众南征，一举将荆州南部四郡收入囊中。在刘琦病逝后，刘备被众人推举为荆州牧，为了巩固和孙权的盟友关系，刘备还迎娶了孙权的妹妹为妻，自此 48 岁的刘备大业初成。

两年后，周瑜病逝，东吴西征入蜀的计划被迫中止。刘备则趁机从孙权手中借得荆州江陵，占据了荆州五郡。就在这时，刘璋邀请刘备入川协助自己对付张鲁，刘备则留下诸葛亮、关羽等人驻守荆州，亲率大军入蜀。刘璋万万没想到，自己这次却是引狼入室，经过三年的苦战，刘备彻底占领了益州，虽然军师庞统在此次入蜀作战中战死，但刘备也获得了蜀中的诸多人才，实力大增。

公元 215 年，也是刘备最辉煌的一年。在与孙权平分荆州之后，率军与汉中的曹军展开了正面交锋。经过四年的激烈战斗，刘备平生第一次痛扁曹军，占据了汉中之地，使蜀国的势力范围达到了鼎盛，并进位为汉中王。然而在占领汉中不久，关羽就孤军北伐，虽然一度屡败曹军，但却被东吴吕蒙以白衣渡江，袭取了荆州，关羽最终也被吴军擒获，遭到杀害。

公元 220 年，曹丕篡汉，有传闻称汉献帝已经遇害。刘备在为汉献帝发丧之后，继承帝位。一年后，刘备以为关羽报仇之名，发兵讨伐东吴，但却在夷陵之战中被吴将陆逊击败，退至永安驻扎。

公元 223 年，63 岁的刘备在白帝城病逝，临终前嘱咐太子刘禅要视诸葛亮如父，并留下"勿以恶小而为之，勿以善小而不为"的遗言。

六朝第一帝孙权

江东，从字面意义上来说指的是大江以东。在隋唐以前，江东又称江左，指的是长江中下游以东的地区。在隋唐以后，江东又被叫作江南。范围大致包括今天的江苏省、安徽省、上海市、浙江省、江西省等地区。在东汉时，这里被称作扬州。

扬州的地理条件十分优越，土地肥沃，气候适宜，水资源丰富。但是在汉朝，这里却一直地广人稀，按照太史公马迁所写，西汉时江东还是火耕水耨。到了东汉末年，由于北方大量人口南渡逃亡至此，将先进的生产技术传入了江东，使得东吴能够倚靠江东与曹魏、蜀汉三分天下。

东吴政权的奠基者是孙坚，吴郡富春（今浙江省杭州市富阳区）人，出身孤微，祖上世代都是当地的县吏，到孙坚这一代也不例外。不过孙坚天生勇武，17岁时就单枪匹马干掉了一个海贼，由此声名大显。在黄巾之乱时，孙坚募兵千人大破叛军，因此被拜为别部司马，累功晋升为长沙太守，封乌程侯。

在讨伐董卓的混战中，孙坚率先攻入洛阳，但是这时的洛阳已经荒无人烟。传说孙坚在洛阳的井中发现了传国玉玺，上面写着"受命于天，既寿永昌"。这一情节还被罗贯中写进了《三国演义》之中，也是有关传国玉玺的著名传说之一。

不过在《三国志》注者裴松之所处的刘宋时代，传国玉玺早已失传，我们也无从得知这玉玺后来是给了袁术，还是在东吴灭亡后交还给了西晋，抑或是从没到过东吴手中，而是被汉献帝取回。但是不管怎样，孙坚率先攻入洛阳是很有政治意义的事件，洛阳的政治地位自不必说。然而一座空城如何能为孙坚部队提供支撑？无奈之下，孙坚只好派人清扫汉室宗庙，修复汉室陵寝，然后引兵回到鲁阳。

初平三年（192），孙坚在奉袁术之命讨伐江夏太守黄祖时中箭身亡，侄子孙贲带着部队归附了袁术。

孙坚与正妻吴夫人生有四子：孙策、孙权、孙翊、孙匡。其中孙策和孙权延续了孙坚的大业，最终达成三分天下有其一的结果。

孙策，字伯符，美姿颜，好笑语，少年时随母亲一起住在寿春，与周瑜成为挚友。18岁那年，孙策守孝期满，向袁术讨回父亲孙坚的旧部，袁术借故不给，还让孙策去丹杨太守吴景（孙坚之舅）那里募兵。孙策在丹杨招募了数百人去投奔袁术，袁术大为惊奇，这才把孙坚的部曲还给孙策。袁术常常感叹："使术有子如孙郎，死复何恨！"

然而袁术反复无常，并非明主，他曾答应让孙策做九江太守，转头就让丹杨人陈纪担任了此职。后来袁术想攻打徐州，向庐江太守陆康索要粮草，陆康不给，袁术就派孙策前去攻打，临行前还对孙策说："之前任用陈纪是我看错人了，你打下庐江以后，我就让你做庐江太守。"但这一次袁术又食言了。孙策用了两年时间打下庐江，袁术却任用故吏刘勋为庐江太守。孙策非常失望，决心脱离袁术自立门户。

兴平二年（195），孙策渡江攻打扬州刺史刘繇，进军江东。刘繇弃军遁逃，孙策拿下江东四郡：吴郡、会稽、丹杨、豫章，其中豫章又被孙策分出了庐陵郡，也就是江东五郡。

袁术称帝后，孙策与其决裂，曹操表孙策为讨逆将军，封吴侯，后来袁术暴死，孙策又攻下庐江郡，兵力已有数万之众，奠定了东吴三分天下的基业。

孙策性格暴烈，许贡曾暗地给许都写信，上表朝廷，召孙策入京，但是信件被孙策拦截，孙策找许贡对质，命武士将许贡绞杀。

许贡的三门客伺机为故主报仇，建安五年（200），孙策在打猎途中被许贡的门客刺杀，面颊中箭，伤重不治，临终前将东吴基业托付给弟弟孙权："举江东之众，决机于两陈之间，与天下争衡，卿不如我。举贤任能，各尽其心，以保江东，我不如卿。"当晚，孙策去世，年仅26岁。

时年18岁的孙权继承了兄长的官职部曲，文有张昭，武有周瑜，还招揽了鲁肃、诸葛瑾（诸葛亮之兄）等当世名士，开始征讨山越。

山越主要是指散布于江左山中的山民，其来源及民族成分一直众说纷纭，当时江东尚未得到开发，到处都是荒山野岭，孙权常在京口一带狩猎打虎，因而后世有了"亲射虎，看孙郎"之句。

山越占山为王，拒绝听从东吴号令，因而东吴诸将花了大力气去征讨山越，将山越百姓置于东吴的编户齐民之上，并将他们的土地充公，重新划分郡县。东吴对江东的开发，不仅使东吴有了可以三分天下的基业，也让后面的东晋、南朝有了与北朝对峙的底气。

当年孙坚讨伐江夏太守黄祖，中箭身亡，因而东吴与黄祖结下了死仇，自建安八年（203）开始，孙权三次讨伐黄祖，最终在公元208年攻陷江夏，用黄祖的首级祭奠了孙坚。

同年，荆州刺史刘表去世，荆州这一四战之地，成为各方瞩目的焦点。鲁肃曾为孙权献上《榻上策》："剿除黄祖，进伐刘表，竟长江所极，据而有之，然后号帝王以图天下！"如今黄祖已灭，刘表病逝，那么荆州是不是就能落在孙权手里呢？事实上，当时的孙权别说吞并荆州了，他自身都快难保了。

曹操在打败袁绍之后就一直想着南征刘表，但是因时机不成熟而未成行，在消灭了袁氏残余力量之后，曹操已统一北方，准备进军荆州，想就此统一天下。刘表死后，妻族蔡瑁拥立刘表幼子刘琮为嗣，长子刘琦去奔丧，结果连父亲的最后一面都没见到，只好回到江夏。

可这刘琮面对曹操的大军，竟直接派人请降了，曹操不费吹灰之力就据有了荆州，下一个目标就是东吴了。

曹操号称有八十万大军，又有荆州新归附的水军，仅靠东吴的体量实在难以对抗，这时诸葛亮代表刘备出使，劝孙权与刘备联合。诸葛亮认为曹操虽然人多势众，但是远道而来已成强弩之末，再加上曹军都是北人，不习惯水战，而荆州新近归附，百姓民心不附。只要孙刘联合，必能大败曹军，形成鼎足之势。孙权听后大喜，当即答应与刘备一起联合对抗曹操。

但是东吴内部却出现了不同的意见，长史张昭认为东吴与曹操实力相差悬殊，应该及早投降，周瑜、鲁肃则持反对意见。周瑜认为曹操虽号称八十万大军，但是实际兵力也不过十五六万，可战之兵顶多只有八万，再加上曹军多是北人，长于鞍马，水土不服，因而东吴对战曹操，并非全无胜机。只要有精兵三五万，足可破敌。

周瑜的意见给孙权吃下了定心丸，孙权非常高兴地说道："此天以君授孤也！"于是孙权拨出三万精兵给周瑜，进驻夏口，与刘备联军，对抗曹操。赤壁之战拉开帷幕。

孙刘联军与曹军在赤壁相遇，曹军当时军中暴发瘟疫，而且新编水军和荆州投降的水军难以磨合，士气不足，刚一交战就被周瑜的水军打败。曹操不得不把水军与陆军会合，将战船靠到北岸乌林一侧。而周瑜则将战船停靠在赤壁南岸，隔长江与曹军对峙。由于北方士卒不习惯坐船，所以曹操就将舰船的首尾连接起来，使得人马于船上如履平地。而周瑜则采用部将黄盖的火攻之计，命其率十艘装有柴草的小战船假称投降，向北岸驶去。在离曹营二里处各船一齐点火，借助风势向曹军冲去。当时东南风正急，火烈风猛，火势还蔓延到曹军设在陆地上的营寨之中，顷刻间，浓烟烈火，遮天蔽日，曹军人马被烧死和淹死的不计其数，曹操大败，只好北还。赤壁之战的胜利不仅加强了孙氏政权在江东地区的割据地位，同时也使刘备避免了覆亡的危险，三足鼎立之势已然成形。

在赤壁之战过后，如何分割荆州这一四战之地就成了三方争夺的重点。曹操拥有人口最多的南阳郡，而南郡则被周瑜用时一年攻下，其间周瑜身中箭伤，最终在公元210年病逝。

在攻下南郡之后，周瑜将南岸之地分给刘备，刘备带兵拿下了桂阳、武陵、零陵、长沙四郡，在周瑜去世之后，孙权听从鲁肃的建议，将南郡借给刘备。

同年，孙权挥师南征，将天下十三州里最偏远荒凉的交州纳入了东吴的版图，并听从谋臣张纮的建议，将治所迁至秣陵。修筑石头城，改秣陵为建业，还修筑了濡须坞来防御曹操的南侵。

公元213年，刚刚平定了马超、韩遂的曹操欲报赤壁之仇再次南征东吴。孙权以七万之兵在濡须坞击退了曹操号称四十万的大军。曹操留下了那句著名的赞叹："生子当如孙仲谋！"

两年后，在得知刘备已经拿下益州后，孙权向刘备讨要荆州未果，便派出吕蒙连下长沙、桂阳、零陵三郡，孙刘联盟走向分裂的边缘。迫于曹操西征汉中的压力，刘备同意以湘水为界，长沙、桂阳归于东吴。

与刘备议和后，孙权兴兵十万再次征讨合肥。惜字如金的《三国志》以浓墨重彩的笔触记录了这一战役，张辽的八百勇士，威震逍遥津，打得孙权灰头土脸地回到了江东。从此，合肥成了孙权的一生之敌。

公元 219 年，关羽趁襄、樊空虚之际，发动了襄樊之战，欲北伐曹魏。孙权派吕蒙出征荆州。吕蒙趁关羽不备，白衣渡江，兵不血刃地袭取了刘备统治下的荆州三郡，还擒杀了关羽。

关羽被杀后，孙刘联盟分崩离析。接着又传来曹丕篡汉称帝的消息，刘备在成都称帝，出动大军讨伐孙权。孙权一面向曹丕称臣，成了曹魏的"吴王"，一面派出陆逊为大都督，在夷陵之战中火烧连营，大败刘备。刘备仅以身免，三国鼎立之势自此成形。

公元 229 年，孙权于武昌登基为帝，建国号为吴，孙吴王朝正式建立。同时下诏迁都建业，命大将军陆逊辅佐太子孙登督管军国事务，驻守武昌。并在接下来的五年中两次进攻合肥，但均无功而返。

公元 241 年，太子孙登去世，孙权的三子孙和被立为太子。但孙和和鲁王孙霸之间却因储君问题产生了极大的矛盾，朝中大臣亦分为两派。九年后，孙权废孙和，赐死孙霸，改立幼子孙亮为太子。公元 252 年，孙权在到南郊祭祀天地后因患风疾驾崩，终年 71 岁，谥大皇帝。

统一与分裂，从司马炎说起

晋朝的建立、统一是由河内司马氏三代人完成的。在正始十年（249）的"高平陵之变"后，司马懿掌控了曹魏大权。太尉王凌拥戴宗室曹彪为帝，讨伐司马懿，最终被司马懿平定，是为"淮南三叛"第一叛。

司马懿去世后，长子司马师继续掌权。皇帝曹芳和老臣李丰等试图发动政变未成，反被司马师所废，另立魏文帝曹丕之孙曹髦为帝。

之后，毌丘俭、文钦起兵讨伐，是为"淮南三叛"第二叛。

司马师亲自带兵平乱，于回师途中病死。司马家大权传到了司马懿次子司马昭手中。

曹髦试图挽回曹魏江山，亲自讨伐司马昭，没想到竟被成济当街杀掉。司马昭再立魏武帝曹操之孙曹奂为帝，又征淮南大都督诸葛诞入朝。

诸葛诞知道自己手握重兵，若是交权入朝，绝对没有好下场，于是他据城造反，联络东吴，但最后还是因盟友文鸯叛变而兵败被杀，是为"淮南三叛"第三叛。至此，曹魏已经再无人能反抗司马家改朝换代了。

公元 263 年，司马昭派钟会、邓艾、诸葛绪三路征蜀，刘禅开城投降，蜀汉灭亡。司马昭晋爵为晋王，加九锡。魏晋嬗代进入最后关头。这时的晋王司马昭却面临着一个难题——该立谁为王太子？

司马昭的大哥司马师无子，因此过继了司马昭的次子司马攸为嗣，司马昭经常对人说"此乃吾兄景王（司马师）之天下"，平日里对司马攸也非常偏爱。但是真到了立太子时候，司马昭却选择册立长子司马炎。他的这一举动，为日后的晋朝埋下了一颗定时炸弹。

公元 265 年，司马昭去世，谥晋文王，司马炎继承王位，三个月后受禅称帝，国号大晋，史称西晋。

晋朝的建立是司马家族的功劳，作为小辈的司马炎登基后先封赏了自己的叔伯、兄弟。自曾祖父司马朗以下的子孙皆成为晋朝宗室成员。除此之外，司马炎还给世家大族封赏了大量土地，并且默许他们占有原有的屯田。

太康元年（280），西晋消灭东吴，彻底结束了三国鼎立，天下重新归于一统。统一后西晋全国人口约有一千六百万。而在一百多年前的东汉桓帝时期，全国人口有五千六百万，整整少了四千万。除了长年战乱的原因，还由于大量流民依附世家大族。两年后，西晋再次清点人口，新增了六百万人。

西晋统一后的十年，是整个晋朝难得的和平时期，经过汉末、三国的连年征伐，百姓们终于可以享受到安居乐业、太平无事的生活。但是在三国统一后的第十一年，西晋再次发生内乱。这一次，带来了空前绝后的灾难。

而这场灾难的开端，要从司马炎立皇太子说起。众所周知，在中国古代，皇太子是皇帝名正言顺的继承人。司马炎与原配杨艳生有三子三女，长子司马轨夭折，次子司马衷，三子司马柬。在司马炎登基的第三年，他就立了司马衷为皇太子。

随着司马衷日渐长大，司马炎发现这个儿子智力有问题。这本来也不算什么问题，司马炎有二十六个儿子，太子智商不行，大可以换一个更聪明的儿子，让司马衷当王爷安安稳稳地过完一生。然而齐王司马攸的存在，迫使司马炎只能坚持立司马衷当太子。

司马攸，字大猷，小字桃符，是司马昭与正妻王元姬所生的第二子，与司马炎是同胞兄弟。但是因司马师无子，因此从小就被过继到大伯家。虽然被过继出去了，但是司马昭对桃符的感情并没有疏远多少，相反，他十分喜欢这个儿子。

司马昭曾多次说"此乃吾兄景王（司马师）之天下"，还经常说想把王位传给司马师的嗣子桃符，但是在何曾等人的进谏之下，司马昭最终还是将长子司马炎立为太子。司马炎登基后，加封司马攸为齐王，"时朝廷草创，而攸总统军事，抚宁内外，莫不景附焉"。

然而司马炎内心对这个弟弟十分忌惮。咸宁二年（276），洛阳发生大疫。司马炎染病，生命一度垂危。朝中有人密谋拥立齐王司马攸继位。司马炎病好以后，对齐王更加厌恶。在灭吴的两年后，司马炎就要求齐王离开洛阳，去封地齐国安安分分地当一个王爷。

这引起了朝中巨大的反对声浪，他们倒也不是都支持齐王继位，而是有些人觉得在皇太子智力不行的情况下，应该留齐王辅佐太子。然而即使是这样比较"温和"的建议，也引起了司马炎的强烈反感，但凡是劝谏者都被司马炎赶出洛阳，甚至抓进牢里。

司马攸气急之下，一病不起。而司马炎却仍强令他去封国就藩，派去给齐王看病的医生也说齐王没病。司马攸强撑着去就藩，在途中呕血而死。

在齐王的葬礼上，司马攸的儿子司马冏抱着伯父哭诉："都是这群庸医害死了我爹！"司马炎连忙下旨处死了这些医生，命侄子继承齐王王位。这位司马冏，就是日后"八王之乱"的八王之一。

齐王死后，再也无人能影响司马衷的储君之位了。然而让弱智当皇太子，这天下以后真的不会乱吗？

司马炎倒也想过这个问题，于是他上了几道保险——为了让儿子能坐稳皇位，把皇位传给"聪慧"的孙子，司马炎分封皇子司马柬（司马衷同母弟）为秦王、司马玮为楚王、司马允为淮南王，命他们镇守要害。然后又找来汝南王司马亮为儿子的皇位保驾护航，他是司马懿的第四子，当时西晋宗室中资历最老的宗王。

司马炎还找来了临晋侯杨骏，他是司马炎第二任皇后杨芷的父亲，与兄弟杨珧、杨济合称三杨。杨骏家族虽自称是弘农杨氏，但是他们行为粗放、傲慢无礼，朝中的士族子弟对他们非常反感。

太熙元年（290），司马炎病重，临终留下遗诏，命汝南王和杨骏共同辅政。然而皇后杨芷却与父亲杨骏里应外合，篡改了遗诏，将辅政大权握于己手。汝南王司马亮得知自己被排除辅政大臣之列后，不敢入宫与杨骏对质，在皇宫门外哭了一场后就灰溜溜地跑回许昌，自认倒霉，由此引发了之后的一系列连锁灾难。

杨骏掌权后，深知自己根基浅薄，仅是以外戚的身份上位，在朝中没有声望，因而他对朝中官员大加封赏，想为自己争得一点人心。但是杨骏却不知道，真正的危险不在外朝，而在后宫。八王之乱即将开场。

八王之乱，权力斗争祸天下

所谓八王是指西晋宗室的八位藩王——汝南王司马亮、赵王司马伦、东海王司马越、河间王司马颙、楚王司马玮、长沙王司马乂、齐王司马冏、成都王司马颖。看到这里，你是不是觉得有些乱，分不清这些司马王爷谁是谁？没关系，我们按辈分排列一下。

首先辈分最高的是汝南王和赵王，他们是晋宣帝司马懿的儿子，也就是当朝皇帝晋惠帝司马衷的爷爷辈。

接下来是东海王和河间王，他们并非晋宣帝司马懿的直系后代，而是司马懿兄弟们的孙子，是晋惠帝的叔叔辈。

最后是楚王、长沙王和成都王，他们都是晋武帝司马炎的儿子，是晋惠帝的异母弟弟，而齐王司马冏是前文已经提过的齐献王司马攸的儿子，在宗法上是晋景帝司马师的嫡孙，按血缘关系则是晋惠帝的堂弟。

值得一提的是，司马冏的母亲是西晋功臣贾充与原配李婉所生的女儿贾褒（一名贾荃）。当年司马师废曹芳、杀李丰时，李婉因是李丰之女而被流放至辽东，贾充后来续娶继妻郭槐。司马炎登基后，将李婉放回。当时李婉的女儿已经嫁给了齐王，而郭槐为了保住自己和孩子的地位，就把女儿贾南风嫁给了太子司马衷。

据说贾南风长得很丑，而且骄横善妒，脾气很差，甚至还打死了怀有司马衷孩子的宫女。因此司马衷除了与贾南风所生的四个女儿，迟迟没有别的孩子。有一天，司马炎突然领来一个男孩，说这是司马衷临幸才人谢玖所生的儿子，因为害怕被贾南风迫害，所以躲在西宫，现在又被司马炎接了出来，取名为司马遹，交还给司马衷。

司马炎很喜欢这个孙子，觉得他很聪明，以后一定能当一个好皇帝。可是太子妃贾南风却怎么看这个儿子怎么不顺眼，而司马遹对这个脾气暴虐、长相丑陋的嫡母，大概也是没多少感情的。这也为日后的内乱埋下了祸根。

司马衷登基后，虽然实际的执政人是杨骏，但是作为正室的贾南风还是理所当然地被立为了皇后，司马遹被立为太子。

名义上，杨骏算是惠帝的外祖父，但实际上他只是把惠帝当成傀儡，而太后杨芷也帮着父亲一起操纵权柄，但凡有旨意，都要交给太后杨芷看后再处理。司马氏诸王对杨氏擅权都十分不满，长此以往，只怕这江山迟早得从司马改姓杨了。

贾南风深知宗室诸王对杨骏专权心存不满，想联合藩王扳倒杨骏。她先是派人去联络汝南王司马亮，然而他胆小怕事，不敢出头，于是贾南风又秘密地写了一封信送给楚王司马玮（司马炎第五子），请他带兵进宫诛杀杨骏。

楚王司马玮性格狠戾、果断敏锐，在武帝朝就很受器重，被派往荆州镇守。在收到贾后的密信后，他和淮南王司马允立即带兵返回洛阳，封锁了皇宫的司马门。东安公司马繇（琅琊王司马伷之子）率四百卫士讨伐杨骏。

杨太后大惊失色，连忙让人向宫外射出帛书，"救太傅者有赏"。她知道这场政变是贾南风在幕后策划，因而她试图通过挟持贾南风让楚王等人投鼠忌器。但贾南风不仅成功地逃脱了杨芷的挟制，还得到了她所写的那封帛书，杨家即将遭到灭顶之灾。

面对宗室的讨伐，一向跋扈的杨骏也慌了手脚，连忙召集幕僚讨论对策。有人建议杨骏放火烧了云龙门，召集东宫、外营的兵马，挟持皇太子司马遹入宫诛杀贾后一党。这实质上就是与宗室撕破脸，成则改朝换代，败则三族尽灭。杨骏虽然贪权，却没有这个勇气与司马家硬碰硬。

他以"云龙门是魏明帝所建"为由拒绝了这个提议，幕僚们纷纷逃散，而司马繇也带兵包围了杨骏的府邸。值得一提的是，杨骏居住的府邸并不是第一次被司马家包围，因为它的上一任主人就是曹爽。时隔四十年，杨骏也重蹈了曹爽的覆辙。

杨骏及其亲戚、党羽被屠灭三族，杨芷虽贵为太后，也被废为庶人，囚禁于金墉城中，被活活饿死。东安公司马繇还趁机给母亲报了仇。原来当年文鸯归附司马昭，导致诸葛诞兵败身亡，而诸葛诞的女儿正好嫁给了司马懿第四子司马伷。值得一提的是，建立东晋的晋元帝司马睿就是东安公司马繇的侄子。那么在杨骏倒台之后，他手中的权力又会如何分割呢？掌权的会是贾南风还是楚王司马玮呢？新一轮斗争又将开始。

在讨伐杨骏时冲锋在前的东安公司马繇晋爵为王，任尚书右仆射，楚王司马玮任卫将军，而至关重要的辅政大权则由汝南王司马亮与老臣卫瓘分掌。

汝南王虽然辈分高，又是武帝指定，但是他在杨骏矫诏以后就连夜跑出洛阳的行为让楚王非常不屑——打架的时候躲得远远的，论功行赏时又出来分桃子。

贾南风对楚王的不满洞若观火，准备在恰当的时机利用一下楚王。而汝南王司马亮也深知自己不能服众，于是也向杨骏学习滥施封赏，封都、将、侯的竟有一千多人。而贾南风的母族也趁机分了一杯羹，族兄贾模、从舅郭彰、外甥贾谧都进入中枢，参与机务。

多方势力犬牙交错，第一个按捺不住的竟然是东安王司马繇，他不满贾后一党作为外戚日益嚣张跋扈，暗中谋划废后，而司马繇的二哥司马澹（其妻郭氏是贾南风的表妹）一向与弟弟不和，竟向汝南王司马亮告发了他，司马繇被撤职流放，而司马亮也没高兴多久。

楚王司马玮突然收到皇兄司马衷的手诏，称司马亮与卫瓘想谋反，让他前去抓捕。

本就对汝南王不满的司马玮信以为真，带兵闯到汝南王府上，将汝南王府血洗一空，司马亮死于乱军之中，卫瓘全家也被清河王司马遐（司马炎第十三子）手下的荣晦所杀。他们到死也不知道这一切都是贾南风的阴谋，而司马玮很快就知道了。

当时有人劝司马玮一不做二不休干掉贾南风一党，而贾南风也早有准备，头号智囊张华在征得皇帝司马衷的同意后，派人打出驺虞幡，对禁军将士喊话："楚王矫诏！"驺虞是传说中的仁兽，西晋皇帝用驺虞幡来止兵息战，在整个八王之乱中，驺虞幡的存在感可是相当高的。禁军将士看见皇帝都发话了，纷纷一哄而散，只留下楚王在风中凌乱，被判了个"擅杀二公，图谋不轨"的罪名当众处斩，时年21岁。

临刑前，楚王拿出那封诏书，哭着对监斩官说："受诏而行，谓为社稷，今更为罪，托体先帝，受枉如此，幸见申列！"楚王司马玮的同母弟司马乂（司马炎第六子）被贬到常山，再次回到洛阳已是九年之后。

皇后贾南风彻底地将朝政大权握于己手。她将贾谧、郭彰等母族引为心腹，起用名臣张华、裴頠、裴楷、王戎等人辅佐朝政，使得晋朝还能维持一个安稳的局面。无论宗室还是士族，大都对贾南风掌权没有什么意见，毕竟皇后也代表着皇权，除了一个人，那就是皇太子司马遹。

司马遹从小就被灌输自己将是大晋未来的皇帝，祖父司马炎还曾当着群臣的面夸他像老祖宗司马懿。然而论起心机来，司马遹远不及老祖宗之万一。

从小就被夸聪明的司马遹长大后不喜欢读书，只知道嬉戏胡闹，与贾南风的关系也日益紧张。贾南风之母郭槐曾试图调和太子与贾家的关系，要把外孙女韩氏（贾南风之妹贾午所生，贾谧之妹）嫁给司马遹，司马遹一口答应了下来，但是贾南风和贾午都不同意，这门亲事就这么告吹了。

后来司马遹又看上王衍的长女王景风，据说她非常美丽，但是贾后却让她嫁给了贾谧，把王衍的次女王惠风许配给了司马遹。司马遹非常不满，对名义上的表弟贾谧也非常怨恨。

贾谧不仅是贾充的外孙，同时也是贾家的继承人，继承了贾充的鲁公爵位，因而贾南风对这个外甥非常看重。贾谧性格骄纵，但是喜欢与士族结交，附庸风雅，在他周围还聚拢着一批名士，被称为"二十四友"。

有一次司马遹与贾谧下棋，贾谧和太子争棋路，态度非常傲慢，旁边的成都王司马颖（司马炎第十六子，八王之一）呵斥贾谧："皇太子乃国之储君，贾谧何得无礼！"于是贾谧就找姨妈贾南风告了一状，让成都王出镇邺城。

元康九年（299），司马遹的长子司马虨生病，司马遹想为儿子求取一个爵位，却被贾南风拒绝。眼看着儿子的病情越来越重，司马遹只好通过祭祀祈祷儿子早日康复。贾南风听说以后心中更加厌恶，于是传旨说皇帝不豫，让太子进宫。司马遹不知有诈，一进宫就被安置到别室。贾南风让侍女把太子灌醉，哄着太子写下谋逆的文字：

"陛下宜自了；不自了，吾当入了之。中宫又宜速自了；不自了，吾当手了之。并与谢妃共要，刻期两发，勿疑犹豫，以致后患。茹毛饮血于三辰之下，皇天许当扫除患害，立道文为王，蒋氏为内主。愿成，当三牲祠北君！"（《晋书·愍怀太子司马遹传》）

这话的意思就是让皇帝、皇后赶紧自尽，把皇位让给太子，不然就先下手为强，杀掉惠帝、贾后，立长子司马虨（字道文）为王，蒋俊为皇后（司马彪之母）。贾南风倒是给了王衍面子，没有把王惠风也牵连进去。

司马遹就这样在醉生梦死中给自己判了死刑。这封"罪证"很快就被送到了皇帝那里，司马衷智力低下，见到是司马遹的笔迹，就信以为真，而司空张华等人却察觉到了不对劲。贾南风本意是想把太子直接赐死，而张华他们力劝皇帝不要"废黜正嫡"，否则会招致大祸。惠帝哪有什么拍板的魄力，看见贾南风的人与张华他们相持不下，也不知如何是好。最后还是贾南风主动让步，要求废太子为庶人。司马衷也不知其中的关节利害，就连忙点头同意了。

东武公司马澹带兵将太子司马遹、太子妃王惠风及三个儿子押送至金墉城囚禁。而司马遹的生母谢玖及宠妾蒋俊都被处死。王衍为了避祸，连忙上书要求女儿王惠风离婚，勉强躲过一劫。但是更大的动乱开始了。

赵王司马伦是司马懿的第九子，性格贪冒，野心勃勃，对贾后一党极尽谄媚讨好之能事，因而得到贾后的信任，司马遹被废后，司马伦领右军将军一职，掌握禁军，结交了原是东宫属官的禁军武官司马雅、许超等人。他们对贾南风迫害太子的行为非常不满，因而鼓动赵王司马伦除掉贾后，拥立太子复位。然而司马伦却听从幕僚孙秀的建议，挑拨贾后杀掉太子，自己坐收渔翁之利。

八王之乱的第二阶段即将开场！它不仅是宫廷的阴谋，也是真刀实枪的开战，最终将给西晋带来灭顶之灾！可悲的是，八王之中的每个人都以为自己会是笑到最后的人。

永康元年（300）四月，废太子司马遹遇害，时年23岁。司马遹之死标志着西晋政局的彻底失控。一直以来，司马遹都是名正言顺的皇太子，无可置疑的正统接班人。如今司马遹一死，司马家的众多宗室蠢蠢欲动，首先按捺不住的就是赵王司马伦。

赵王司马伦以贾后一党杀害太子为由号召禁军废掉贾后，翊军校尉、齐王司马冏响应司马伦。司马冏与贾后的关系颇为特殊，若是从父亲齐献王司马攸那里算，贾南风算是司马冏的嫂子；若是从母亲贾褒那里开始算，贾南风就是司马冏的姨妈。

贾褒与贾南风是同父异母的姐妹，当年贾南风被晋武帝册为皇太子妃，贾褒的生母李婉被勒令不得再与贾充相见，贾褒忧愤而死，因此司马冏十分厌恶贾南风。

在苦等了二十多年之后，司马冏终于得到了复仇的机会。他带领三部司马一百人冲进后宫，贾谧惊呼"阿后救我"，随后就被禁军当场斩杀。贾南风看见司马冏大惊失色："你怎么来了?!"

司马冏冷笑："当然是有旨意要抓你。"

贾南风根本不信齐王的说辞："旨意都是我发的，你有什么旨意!"

然而为时已晚，惠帝司马衷已经被赵王控制起来，贾南风问齐王："这是谁的主意?"齐王回答："梁、赵。"即梁王司马肜（司马懿第八子）、赵王司马伦。

贾南风带着十足的恨意说道："系狗当系颈，反系其尾，何得不然!"齐王"传旨"将贾南风废为庶人，囚禁于建始殿，并搜捕贾后一党。就连贾南风所重用的张华等人也被司马伦尽数诛杀。

贾南风倒台后，赵王自封相国，都督中外诸军事，如宣（司马懿）、文（司马昭）辅魏故事。四十年前，高贵乡公曹髦悲愤地说出"司马昭之心路人皆知"，随后就被当街杀死。四十年后，赵王司马伦也向二哥司马昭学习，当起了权臣，而且要过一把二哥没体验到的皇帝瘾。为了笼络人心，他也一样滥施封赏，聘请名士为幕僚。

在赵王司马伦找来的这些人中，有一位来头非常大，他就是东吴丞相陆逊的儿子陆机，也是当时知名的文学家。作为吴姓士族的代表人物，陆机在28岁时和弟弟陆云来到洛阳，名动一时。时人有"二陆入洛，三张（张载、张协、张亢）减价"的说法。贾南风掌权以后，陆机积极与贾谧结交，成为二十四友之一。

赵王招揽陆机是为了给自己充门面，而陆机却浑然不知自己已经踏进了死亡陷阱。不久，赵王司马伦就派人赐死了贾南风，随后紧锣密鼓地为篡位做准备。

论辈分，赵王司马伦是惠帝的叔祖，无论怎么掰扯宗法制度，都不可能给司马伦找出继位的依据。太子被废后，曾有人提议立淮南王司马允（司马炎第九子）为皇太弟。然而随着赵王司马伦异军突起，立司马允为皇太弟也无从谈起了，这让司马允本人非常不满。

此外，在废黜贾后时出了大力的齐王司马冏仅得游击将军一职，由此对赵王心生怨恨。司马伦的心腹幕僚孙秀等人对齐王非常忌惮，毕竟他是司马师的嫡孙，论血缘、论实力都是西晋宗室中的翘楚。在孙秀的建议之下，司马伦打发齐王去许昌镇守，暂时解决了一个潜在的威胁。但是司马允就没有那么好打发了。

淮南王司马允性格沉稳坚毅，曾在淮南镇守十余年，熟谙军事，实力强大，在军中有着很高的威望。为了推翻赵王，司马允暗中豢养死士，称病不朝，赵王心存畏惧，欲夺其兵权，却被司马允识破用心，仍以身体病弱为由回绝，孙秀索性就派人去抓捕淮南王府的官属，司马允大怒，声色俱厉地说道："赵王欲破我家！"于是率淮南国兵及帐下亲兵七百人，讨伐赵王。

大队人马直奔皇宫而去，尚书左丞王舆连忙关闭掖门，把司马允挡在了宫外。司马允转而去包围赵王的相府，与赵王府兵激烈地厮杀起来。

司马允骁勇善战，所率将士又都是精锐，赵王难以招架，屡战屡败，死伤惨重，从辰时打到午后。就在胜负即将见分晓之际，赵王的儿子汝阴王司马虔买通了司马督护伏胤，让他去假传圣旨。司马允见伏胤手持惠帝所赐的白虎幡，放松了警惕，下车接旨，没想到竟被伏胤当场杀害，时年 29 岁。司马允的三个儿子也一并被处死，此外还有一千多人被牵连其中，坐罪而死。

淮南王司马允死后，再也无人能挡住赵王篡位的脚步。永康元年（300）九月，赵王司马伦加九锡，还给惠帝娶了一个新皇后——羊献容。这位苦命的女子还不知道这个皇后之位会给自己带来多大的不幸。

次年正月，赵王司马伦篡位，尊惠帝为太上皇，将其囚禁于金墉城。为了笼络人心，司马伦把自己的党羽全都封了爵位。由于官帽上的貂尾不够用，司马伦就用狗尾来代替。"狗尾续貂"这个成语就是因此而来。

但是与狗尾续貂形成鲜明对比的就是国库根本发不出俸禄，连官印也铸不起了，只能发一个白板。司马伦这样的作为，显然和明君沾不上什么边儿。而且他作为叔祖辈竟抢了侄孙的皇位，也使宗室子弟对司马伦非常不满，天下都知道这个司马伦必然会倒台，但是推翻他的人会是谁呢？

当时宗室中实力最强大的是齐王司马冏、成都王司马颖、河间王司马颙（安平献王司马孚之孙），司马伦对此非常忌惮，想用高官厚禄笼络他们。但是齐王却根本不吃这一套。

不久，齐王、成都王、河间王起兵讨伐司马伦，兵力有数十万之众。面对三王夹击，司马伦难以招架，节节败退。而洛阳城内的宗室百官见司马伦大势已去，也想着解决掉他和孙秀。于是广陵公司马漼（琅琊王司马伷第四子）和左卫将军王舆带领七百人闯进宫中，诛杀孙秀，迎接司马衷复位。司马伦父子皆被处死，他所任用的官员也全部黜落。陆机也遭了殃，差点被处死，后来被成都王司马颖所救。

这场三王大战赵王司马伦，前后持续了六十余日，死伤十万人，沿途郡县横遭兵祸，生灵涂炭。这场内乱已然从洛阳城蔓延到了中原，而西晋在这无尽的自相残杀中耗空国力，走向覆灭。

司马伦倒台后，三王齐聚洛阳，针对辅政大权进行了新一轮的争夺。首先是皇储问题，立愍怀太子司马遹幼子司马尚为皇太孙，但是这个孩子很快就夭折了。成都王司马颖主动提出回邺城，齐王故作挽留，而司马颖知道自己暂时还不能与齐王争锋，于是表演了一出兄友弟恭、挥泪告别的戏码后直奔邺城而去。这是他与齐王的最后一面。

齐王因首倡义兵而分到了最大的一份蛋糕：拜大司马，加九锡，如宣、景、文、武辅魏故事。

成都王司马颖封大将军，都督中外诸军事，假黄钺，录尚书事，加九锡，入朝不趋，剑履上殿。这一连串的头衔看起来位高权重，可这对于人在邺城的司马颖来说不过是虚名罢了。司马颖上书辞去九锡，静待洛阳局势的变化。

相比于齐王和成都王，河间王司马颙与惠帝的血缘关系最远，其人也是反复无常、左右横跳。齐王刚准备起兵时，派使臣去邀请河间王一同加入。使臣到了以后转手就被河间王送给了司马伦，等到齐王和成都王兵力大盛时，河间王又加入了讨伐司马伦的队伍。齐王对河间王这种反复横跳的行为非常恼火，但河间王毕竟也出了不少力，于是他也获封侍中、太尉，加三赐之礼。

此外，在讨伐司马伦的战争中，常山王司马乂异军突起，他本是楚王司马玮的同母弟，因司马玮遇害而贬封常山王，因响应齐王起兵，而升任骠骑将军，开府，还换回了以前的封号——长沙王。他也是八王之乱中唯一有作为的藩王。

司马囧的主簿王豹曾建议他把诸侯王都遣回封国，司马囧犹豫不决，好巧不好的是这信被长沙王看见，长沙王不悦："小子离间骨肉，何不铜驼下打杀！"要是论血缘，齐王与长沙王只是堂兄弟的关系，就算同父同母的亲兄弟都有可能反目成仇（比如齐献王司马攸与晋武帝司马炎），更何况是血缘隔了一层的堂兄弟。可司马冏还是杀掉了王豹。王豹死前诅咒齐王："悬吾头大司马门，见兵之攻齐也！"

在成都王离开洛阳之前，曾与长沙王一同拜谒司马炎的皇陵，长沙王劝说弟弟："天下者，先帝之业也，王宜维正之。"从最后的结果来看，长沙王还是看错了人。

作为齐献王的儿子，司马冏少年时就素有美名，但是在掌权以后逐渐暴露出了本性，大兴土木，沉迷酒色，连朝也不上了。司马冏的叔祖平原王司马干（司马懿第五子，司马师、司马昭的同母弟）曾告诫他说："不要学那个白女儿（司马伦）。"司马冏深以为然，没有想着篡位，反而给惠帝过继了一个太子——清河王司马覃（清河康王司马遐之子）。

这个孩子当时仅有8岁，司马冏自领太子太师，摆明了是要把惠帝"父子"当成傀儡，长期专权下去，这自然引起了武帝系的不满，尤其是成都王司马颖的不满。

然而首先发难的竟是河间王司马颙，他上表指责齐王的罪状，还声称自己举兵十万，与成都王、新野王、范阳王会师洛阳。除此之外，他还把人在洛阳的长沙王司马乂也写成自己的队友，其实河间王根本没有找过长沙王，把他列进去的目的就是让长沙王与齐王自相残杀。

齐王果然派人袭击长沙王府，而司马乂却带着一百多卫士冲进皇宫，挟持惠帝与齐王火并。司马冏派人拿着驺虞幡大喊："长沙王矫诏！"司马乂也不甘示弱，回击道："大司马谋反！助者诛五族！"

双方大战三日，箭如雨下，火光冲天，最终以齐王的失败而告终，惠帝想要留齐王活命，但是长沙王却坚持将齐王斩首，同党被诛灭三族，两千余人被杀。同年，曹魏最后一位皇帝曹奂去世，西晋将其追谥为元皇帝。此时距离曹魏灭亡已过去了三十七年，这天下不仅没有太平，反而陷入更大的内乱。

正当藩王们打得不可开交之时，李特已经割据四川自立，鲜卑部落日渐强大，但是西晋朝廷已经自顾不暇，政治动荡带来的后果之一就是大家只想着站队保命，哪里还有心思去管国家大事。而长沙王司马乂却是一个少有的想做点事的藩王，他努力地收拾全国各地的乱摊子，但是他的实力太弱，所依靠的不过是洛阳的禁军，而成都王实力强大，因此司马乂有什么事都会先向邺城请命。这时候河间王司马颙又出来搅浑水了。

他暗中指使侍中冯荪、河南尹李含、中书令卞粹等人谋杀长沙王，但是事情败露，三人皆被长沙王处死。河间王恼羞成怒，发兵讨伐长沙王，还叫上成都王一起。

河间王出兵七万，以张方为都督，向洛阳东进，成都王出兵二十万，命陆机统军，从南面进攻洛阳，夹击司马乂。陆机的父祖虽然都是一代名将，但是陆机本人在此之前从没打过仗，他能统率得了二十万大军吗？

司马乂收到消息后就带着惠帝亲临前线，在建春门外大败陆机，史载："赴七里涧而死者如积焉，水为之不流。"陆机也由此失去了司马颖的信任。

宦官孟玖趁机进谗言："机有二心于长沙！"还找来几个将军当"证人"，成都王信以为真，派人抓捕陆机兄弟。陆机在死前哀叹："华亭鹤唳，岂可复闻乎？"终年43岁。陆机的儿子和弟弟也一同遇害。

陆机的经历只是八王之乱期间士族子弟的一个缩影，藩王内斗，政治动荡，朝不保夕，这漫长的乱世看不到太平的曙光。成都王与长沙王的战争进行了数月，成都王胜少败多，战死者有六七万人，虽然洛阳城中的粮草也逐渐见底，可将士们依然团结一心。张方觉得洛阳久攻不下，想先行撤军。但是东海王司马越的出手却让局势发生了一百八十度的大转弯。

东海王司马越是司马懿的四弟司马馗之孙。论血缘不可谓不远，但如果没有他，可能就没有东晋了。司马越的封国东海国与琅琊国相邻，在琅琊国有一个非常著名的大家族——琅琊王氏，前文提过的王衍即琅琊王氏的一员。

司马越早年曾在东宫侍讲，司马炎驾崩后，杨骏擅权，很快就在宗室的围攻下倒台。司马越因参与讨伐杨骏而晋爵为东海王，齐王掌权后加封东海王司马越为司空。

司马越冷眼看着成都王、河间王与长沙王相争，虽然在战场上长沙王还有些优势，但是针对洛阳的包围圈却是越来越小，再加上洛阳粮草耗尽、府库空虚，一石米的价格竟然高达一万钱，司马越担心长沙王迟早会败亡，于是就先下手为强，勾结殿中禁军，抓捕了长沙王，囚禁于金墉城。

司马乂绝望之下写了绝命书："臣不惜躯命，但念大晋衰微，枝党欲尽，陛下孤危。若臣死国宁，亦家之利。但恐快凶人之志，无益于陛下耳！"

司马越将长沙王交给张方，张方极为残忍地将长沙王用火烤死，史载"冤痛之声达于左右，三军莫不为之垂涕"。

成都王司马颖入洛阳，借着惠帝的名义封自己为丞相，并上表废皇后羊献容、太子司马覃，自封为皇太弟，都督中外诸军事，如魏武帝曹操故事。但是没等司马颖高兴多久，东海王司马越又带着惠帝去讨伐司马颖，却在荡阴遭遇大败，惠帝被俘，司马越逃回封国，准备东山再起。

侍中嵇绍（嵇康之子）在乱军中死死地护住惠帝，成都王的手下欲将嵇绍斩首，惠帝求情道："忠臣也，勿杀！"然而皇帝的话已经起不到作用了。嵇绍遇害，血溅当场。后来侍从要给惠帝浣洗衣物，惠帝说："此嵇侍中血，勿浣也！"

成都王还顺便杀掉了之前劝他投降的东安王司马繇。当时琅琊王司马睿也在邺城，他见叔叔遇害，担心自己会被牵连，于是连夜逃出邺城，去洛阳接出家人以后回到了封国。

然而螳螂捕蝉，黄雀在后。成都王虽控制了皇帝，但是洛阳朝廷却被张方趁机占据，与在邺城的成都王形成对峙。西晋又一次出现了两个权力中心。

不久，司马越之弟司马腾联合安北将军王浚以及段部鲜卑、乌桓羯朱讨伐成都王，司马颖的手下刘渊趁机割据自立，称大单于，五胡乱华的序幕即将开启。司马颖无力抵挡司马腾的进攻，非常恐慌，带着惠帝连夜逃往洛阳。刘渊听说司马颖逃走，嘲讽道："不用吾言，逆自奔溃，真奴才也！"

但他还是打着救援司马颖的旗号去攻打鲜卑、乌桓，趁机壮大了自己的实力，自称汉王，追尊刘禅为孝怀皇帝，明摆着是要与晋廷分庭抗礼了。可洛阳朝廷早就自顾不暇了，哪里还有心思去管刘渊。

司马颖带着惠帝回到洛阳之后，再也不复昔日权势。张方仗着自己手里有兵，把朝政大权握于己手，纵容士兵在洛阳城内四处劫掠，百姓怨声载道。张方见自己不得人心，就想把朝廷打包搬到河间王的大本营长安，于是他强行带兵挟持惠帝西迁，群臣四处逃窜。洛阳府库被乱兵洗劫一空，魏晋以来所攒下的积蓄都被劫掠殆尽，就连宗庙、宫室也被焚毁。卢志哀叹道："昔董卓无道，焚烧洛阳，怨毒之声，百年犹存，何为袭之！"

一百一十四年前，董卓强行西迁，临行前把洛阳变成了一片废墟。一百一十四年后，历史重演了。

唐代大诗人杜牧曾作《阿房宫赋》，感叹秦朝二世而亡："秦人不暇自哀，而后人哀之；后人哀之而不鉴之，亦使后人而复哀后人也！"

这用在八王之乱上倒也恰如其分，只是秦亡了还有四百年大汉，晋亡了却是更乱的乱世。

在西迁至长安以后，司马颖的皇太弟头衔也被废掉。至此，晋武帝的二十六子中，除了惠帝外，仅剩成都王司马颖、豫章王司马炽、吴王司马晏还活着。河间王立司马炽为新一任皇太弟，又召东海王司马越辅政，司马越推辞不去。于是河间王司马颙都督中外诸军事。

永兴二年（305）七月，东海王司马越打着"逢迎天子，还复旧都"的旗号起兵讨伐河间王，一时间群起响应。成都王旧将公师藩也趁机起兵，聚众数万。一个羯胡人也随牧帅汲桑带着数百人马投效在公师藩的麾下，还得到了一个新的名字——石勒。

在这样的政治动荡之中，皇后羊献容几经废立，亲人相继遭到残害，河间王想直接将她赐死，刘暾等人为她求情，我们也由此看到羊后这些年的悲惨境遇："羊庶人门户残破，废放空宫，门禁峻密，无缘得与奸人构乱。众无愚智，皆谓其冤。今杀一枯穷之人，而令天下伤惨，何益于治！"

这个刘暾后来逃到了高密王那里，羊献容因此勉强保住了性命。河间王想与司马越谈和，但是又担心张方不同意，于是找人杀掉了张方，把首级送给了司马越。但司马越怎么可能就此放过他呢？

光熙元年（306）五月，司马越的部将祁弘攻入关中，所率鲜卑人在长安城中大肆劫掠，屠杀百姓。祁弘等人将惠帝带回洛阳。五个月后，成都王司马颖的生命也走向了尽头，范阳王长史刘舆矫诏将他赐死。

一向"不知书"的司马颖在得知自己大限将近以后，感慨地对狱卒说道："知天命不？"对方回答不知。司马颖又说："我死之后，这天下还能太平吗？"说罢，他让狱卒打上几斗热水，给自己洗了个澡，然后就让狱卒勒死了自己，终年28岁。

八王之乱至此结束，东海王司马越笑到了最后。然而这时候的西晋已经满目疮痍，遍地狼烟，到处都是饥荒和瘟疫，氐族人李雄（李特之子）割据益州称帝，建立了成汉政权。汉王刘渊的实力也在不断壮大。不久，惠帝司马衷突然暴毙，坊间传闻他是被司马越所杀。皇太弟司马炽登基，是为晋怀帝。司马越征召河间王入朝，南阳王司马模（司马越之弟）派人在途中杀死了河间王。

琅琊王司马睿自请南渡至江左，与之同行的还有王导。王导和司马睿在东吴故都建业重续司马氏国祚。

永嘉四年（310），东海王司马越迫于朝中压力和石勒的威胁，自请出征石勒，于次年在相城忧惧而死。王衍护送其灵柩返回东海，半路被石勒拦截，全军覆没，十万将士无一幸免。石勒还把王衍揪了出来，奉为座上宾，两人竟然在这种情况下聊了起来。王衍推说西晋大乱不是自己的责任，还一个劲儿地劝石勒称帝。当天夜里，石勒就命人推倒石墙，把王衍他们全部压死。石勒烧了司马越的尸体，说："乱天下者此人也，吾为天下报之，故焚其骨以告天地。"

何伦、李恽护送司马越之妻裴妃及世子司马毗出逃，半路被石勒拦截，司马毗及宗室三十六王全都被石勒处死。裴妃被卖为奴隶，后来辗转南渡到东晋，司马睿将儿子司马冲过继给司马越夫妻为嗣。

永嘉五年（311），洛阳沦陷，晋怀帝司马炽被俘，后被刘聪所害，终年 30 岁。皇太子司马邺（吴王司马晏之子，晋怀帝之侄）在长安登基，史称晋愍帝。

三年后，刘曜攻陷长安，晋愍帝投降，西晋至此宣告灭亡。晋惠帝皇后羊献容被刘曜掳去，在刘曜称帝之后将其立为皇后。曾是太子妃的王惠风不堪侮辱，自尽身亡。

自晋武帝司马炎受禅登基开始，西晋共享国五十二年。提前一步南渡到江左的司马睿在建康登基称帝，建立东晋。继汉末三国之后，中国再次进入了分裂时代。

谢安与东晋的士族门阀政治

司马睿南渡以后，司马氏皇族再也不复昔日权柄，"王与马，共天下！"皇权不振，权臣迭出。以琅琊王氏为首的高门士族把持了军政大权。上品无寒门，下品无士族。士族子弟仅靠出身就能轻而易举地得到高官厚禄，他们的进身之资并非什么经世之才，而是玄学清谈。门阀政治主导了东晋一朝。其中有四大家族最为显赫——琅琊王氏、颍川庾氏、谯国桓氏、陈郡谢氏。

与此同时，北方正处于连番混战之中，后世将这个时期称为五胡十六国。所谓五胡是匈奴、鲜卑、羯、羌、氐，十六国则是前凉、成汉、前赵、后赵、北凉、西凉、后凉、南凉、前燕、后燕、南燕、北燕、夏、前秦、西秦、后秦。需要注意的是，在此期间出现过的大小割据政权远不止十六个，而且民族也不止五胡。

公元304年，李雄（氐）建立成汉，刘渊（匈奴）建立汉国（后改名为赵，即前赵）。

公元318年，张寔（汉）建立前凉，奉东晋为正朔。

公元319年，石勒（羯）脱离前赵自立，建立后赵。

公元337年，慕容皝（鲜卑）建立前燕。

公元 347 年，东晋荆州刺史桓温灭成汉。

公元 350 年，冉闵（汉）建立冉魏（不计入十六国之中）。

公元 351 年，苻坚（氐）建立前秦，冉魏灭后赵。

公元 352 年，前燕灭冉魏。

公元 370 年，前秦灭前燕。

公元 376 年，前秦灭前凉。

至此，前秦天王苻坚统一北方，并向东晋发出挑战，苻坚还放出了豪言："以吾之众旅，投鞭于江，足断其流！"

那么东晋那边又是个什么情况呢？

自东晋立国开始，先后经历了两场大乱：王敦之乱、苏峻之乱，前者是士族叛乱，后者是流民造反。王敦是王导的堂兄，因不满司马睿任用刘隗、刁协等人排挤琅琊王氏，所以带兵冲进东晋首都建康，烧杀抢掠一通以后扬长而去，司马睿忧愤而死。

继位的晋明帝司马绍起兵十万讨伐王敦。旁观的王导带着家人给还活着的王敦发丧，以表示与王敦划清界限。王敦最终在前线病逝，叛军作鸟兽散。而王导却未受任何牵连，这和几十年前八王之乱动辄诛杀几千人的境况形成了鲜明对比。到了东晋，司马氏皇族再也不复西晋时的权势，只能屈居于门阀世族之下。

然而司马氏皇族与高门士族并非完全对立，其中也有人通过与士族搞好关系，进而执政中枢，比如琅琊王司马昱，他是司马睿最小的儿子。本篇的主人公谢安就与他关系密切。

王敦之乱平定后，晋明帝虽然没有问罪王导，但是也失去了对琅琊王氏的信任，因而他找来外戚颍川庾氏分担朝政。晋明帝死后，年仅 5 岁的太子司马衍登基，皇太后庾文君称制，丞相王导退隐，朝廷大权尽归于国舅庾亮。庾亮强行征召流民统帅苏峻入朝，结果却酿成了滔天大祸！

咸和三年（328），苏峻以讨伐庾亮之名起兵造反，集结大军攻打建康，庾亮逃跑，乱兵冲进建康烧杀劫掠，太后庾文君没于乱军之中，皇室宗亲都被囚禁于石头城中。

次年，温峤、陶侃的义军收复建康石头城，救出晋成帝司马衍，平定了苏峻之乱。庾亮无地自容，自请出镇荆州。

此时，谢安已经 10 岁了。而他的宿敌桓温时年 18 岁。桓温之父桓彝本是宣城太守，在苏峻之乱中遇害，桓温发誓要为父报仇。咸和六年（331），桓温手刃仇敌全家，报了父仇，由此扬名一时。后来桓温被选为南康公主（晋明帝之女）的驸马。

相比于桓温的"苦大仇深"，谢安的少年时代就要顺风顺水很多，4 岁时就被桓温之父桓彝称赞："此儿风神秀彻，后当不减王东海！"

这里说的王东海就是王承，曾任东海太守，因而被称为王东海，他曾被东晋士族评点为"中兴第一名士"。

长大的谢安因善于玄学清谈，成为当世名士，还得到王导的重视。然而谢安却无心仕途，只想寄情于山水之间，几次入仕，最后都以辞官归隐结束。

有一次谢安与好友王羲之同游冶城，王羲之对谢安说道："今四郊多垒，宜人人自效，而虚谈废务，浮文妨要，恐非当今所宜。"意思就是让谢安不要醉心于清谈，荒废政务，谢安却不以为然："秦朝二世而亡，难道也是因为清谈吗？"

有官员认为谢安多次拒绝朝廷征召，应该将其禁锢起来，以示惩戒。谢安索性就在东山筑室隐居起来。会稽王司马昱曾点评道："安石既与人同乐，必不得不与人同忧，召之必至。"

王羲之的堂弟王胡之曾作《答谢安诗》，其中有一段：

> 我虽异韵，及尔同玄。
>
> 如彼竹柏，厉飙俱鲜。
>
> 利交甘绝，仰违玄指。
>
> 君子淡亲，湛若澄水。
>
> 余与吾生，相忘隐机。

王胡之虽然作"相忘隐机"之语，但是他的内心仍希望建功立业。永和四年（348），后赵内乱，王胡之准备率兵收复河洛，却在临行前去世。

此时荆州刺史桓温已经收复了益州，成为建康朝廷的新威胁。执政的会稽王司马昱起用殷浩制衡桓温。和谢安一样，殷浩也是以清谈闻名，精通《老子》《易经》，在深山隐居了十年之久。庾亮之弟庾翼曾评价殷浩："此辈宜束之高阁，俟天下太平，然后议其任耳。"在庾翼看来，桓温才是"英雄之才"。从最后的结果来看，庾翼的眼光可以说是相当毒辣。

会稽王司马昱坚持让殷浩带兵北伐，让桓温非常不满。殷浩果然中看不中用，屡战屡败，桓温逼迫司马昱流放了殷浩，自己率师北伐。

永和十年（354），桓温第一次北伐，进军关中，逼近前秦首都长安城外，关中百姓箪食壶浆迎接晋军。然而由于粮草不济，前秦坚壁清野，最终桓温只能迁徙关中百姓撤回江陵，在撤军途中被前秦追击，死伤惨重。

两年后，桓温第二次北伐，这一次他击败了前秦姚襄大军，收复了昔日的西晋首都洛阳，修复了西晋皇陵。桓温要求建康朝廷"还于旧都"，然而东晋朝野上下都知道这意味着什么。

相比收复故土，不让桓温借此篡权倒成了首要大事。于是滑稽的一幕出现了，晋朝虽然经受了五胡之乱的奇耻大辱，但是他们现在最希望的却是桓温北伐失败。若是让桓温北伐成功了，那这天下还能再姓司马吗？

升平四年（360），在东山隐居二十年的谢安终于受召入仕，此时他已经41岁了。他出山的原因是弟弟谢万北伐失败，被废为庶人，陈郡谢氏在朝中后继无人，为门户计，谢安才结束隐居生活，在桓温帐下担任司马。桓温十分敬重谢安，对他非常礼遇，但是谢安对桓温却不感兴趣。在收到弟弟谢万病逝的消息后，谢安就趁着奔丧离开了桓温，接受司马昱的征召担任吴兴郡太守，后又入朝出任侍中，进入了东晋权力中心。

太和四年（369），桓温第三次北伐，在枋头遭遇大败，声名大挫。为了立威,他准备效仿前辈擅行废立,而他用来废帝的理由竟是皇帝司马奕没有生育能力,儿子都不是皇家血脉。这一招不可谓不狠毒,从根本上开除了司马奕一系的继承权。

太和六年(371),桓温派兵进宫收缴国玺,将司马奕押送回东海王府,改立多年的老对手司马昱(晋元帝司马睿最幼子)为帝,史称晋简文帝。

此时的桓温风头无两,谢安大老远看见他就要下拜,把桓温吓了一跳:"安石,卿何事乃尔?"谢安说:"未有君拜于前,臣揖于后。"把一向不善言辞的桓温怼到无话可说。

桓温想找司马昱陈说自己废立的"苦衷",然而每次桓温刚开口,司马昱就泪流满面。不久,桓温离开建康,回到驻地,临行前将司马昱之兄武陵王司马晞流放了。

司马昱在位仅十个月就病重不起,想要召回桓温,但是一夜连发四诏都没有回音,桓温故作姿态,推荐谢安辅政。然而这封奏章还没来得及发出,司马昱就驾崩了。临终前,他拟下遗诏:"大司马温依周公居摄故事。少子可辅者,辅之,如不可,君自取之。"

侍中王坦之在司马昱面前撕了这封遗诏,司马昱疑惑地问道:"这天下本来就是我侥幸得到的,你有什么不满呢?"王坦之说:"这天下是宣帝、元帝的天下,怎么能让陛下一意孤行?"

于是遗诏又改为:"家国事一禀大司马,如诸葛武侯、王丞相故事。"

桓温听说了遗诏内容以后非常失望,带兵前去建康"奔丧"。

太傅谢安带着百官在新亭迎接桓温。面对野心膨胀的桓温，谢安不卑不亢，两人相谈甚欢。桓温顾忌朝中士族反对，于是在建康停留没多久后就返回了驻地，然后要求朝廷为他加九锡。

谢安借故拖延，他知道桓温年老多病，命不久矣。宁康元年（373），桓温在姑孰病逝，享年 62 岁，谥宣武公，幼子桓玄继承其南郡公爵位。

桓温之死让司马氏皇族和高门士族的子弟长舒了一口气。虽然桓温战功显赫，但是在极度讲究出身的士族政治下，只会夸夸其谈的名士要比实干的野心家更受欢迎。

不过谢安是其中的异类，他出身高门大姓，非常有政治才能，不少人都觉得他比前辈王导更胜一筹。

新登基的孝武帝司马曜仅有 12 岁，平日大小事务均由谢安独掌，东晋又一次回到士族主政的时代。与此同时，北方的前秦王朝实力正在不断壮大，先后消灭了前燕、前凉，最终于公元 376 年统一北方。为了应对北方的威胁，谢安派侄子谢玄出镇广陵，招募京口、广陵等地的流民，组建了一支新的军队——北府兵。

太元三年（378），前秦天王苻坚出兵十七万夺取襄阳，威胁东晋上游防线。随后又向淮南进发，包围彭城。然而遭到东晋北府兵的强力阻击，谢玄四战全胜，前秦损失惨重，主将彭超、俱难仓皇逃回长安。谢玄因功晋升为冠军将军，加领徐州刺史。

太元八年（383），苻坚亲率"百万大军"南下，与晋军在淝水展开决战。谢玄率八千精兵击溃了苻坚的"百万大军"，苻坚身中流矢，仅以身免。前秦帝国分崩离析，北方又一次陷入混战之中。

谢玄趁机收复了大片失地，然而正当谢玄打算进一步追击时，皇弟司马道子却在朝中搬弄是非，命谢玄驻守淮阴。

谢安当然知道这一切都是司马曜在幕后策划，他想起一句老话："飞鸟尽，良弓藏；狡兔死，走狗烹。"自己为司马家鞠躬尽瘁，换来的却是皇帝的猜忌。无奈之下，谢安主动交出大权，出镇广陵。

临走时，司马曜设宴送别，名士桓伊抚筝而歌："为君既不易，为臣良独难。忠信事不显，乃有见疑患。"此诗是曹植所写，感叹自己被侄子魏明帝猜忌，谢安触景生情，潸然泪下，没过几年，他和谢玄就相继去世了。

东晋至此再无名臣，朝政大权虽重回司马氏宗室手中，但是主政的司马道子并没有什么治国才能，把朝堂搞得乌烟瘴气，引起皇帝司马曜的强烈不满。东晋在主相相持中失去了最后一个中兴机会。

太元二十一年（396），晋孝武帝司马曜离奇暴毙，太子司马德宗即位，史称晋安帝，这是继"何不食肉糜"的晋惠帝以后，晋朝又一个弱智皇帝。而且他的弱智程度远甚于惠帝，史载晋安帝"口不能言，不知寒暑"，朝廷政务，全都由皇叔司马道子料理。

一个白痴皇帝，一个乱政的皇叔，晋朝的天下怎么可能不乱呢？次年，因不满司马道子弄权，王恭联合桓温之子桓玄起兵造反，东晋开始走向灭亡。

元兴元年（402），桓玄打败了司马道子的独子司马元显，攻入东晋首都建康。司马道子一系被尽数诛杀。次年，晋安帝退位，桓玄篡晋，建立政权，史称桓楚。

但是晋朝的历史还没有就此终结，气吞万里如虎的刘寄奴即将横空出世！

南朝第一帝刘裕

"斜阳草树，寻常巷陌，人道寄奴曾住。想当年，金戈铁马，气吞万里如虎。"这首《永遇乐·京口北固亭怀古》是南宋爱国将领、文学家辛弃疾的名作。其中"寄奴"指的是江左南朝第一帝——宋武帝刘裕。

不过此宋非彼宋，现在大众所熟知的宋朝是由赵匡胤建立的，有北宋和南宋两个时期，我们称为赵宋。而刘裕建立的南朝宋又被称为刘宋，它比赵宋建立要早五百多年。

刘裕出生于晋哀帝兴宁元年（363），《宋书》记载刘裕是汉高祖刘邦之弟刘交的二十一世孙。然而此时已是东晋年间，几百年前的刘姓祖宗并不能给他带来什么优势。

刘裕出生后不久，母亲就病死了，父亲刘翘无力再请奶娘喂养儿子，便将他寄养在同族家中，因而刘裕得了一个小名——寄奴。

成年后的刘裕身高七尺六寸，气度不凡，但是由于门第低微，文化水平不高。刘裕早年的生活颇为窘迫，不能像士族子弟那样轻松得到一个尊贵清闲的职务。刘裕卖过草鞋，种过地，打过鱼，整日混迹于市井之中，直到三十多岁时才投身北府兵，在将军孙无终手下做事，凭借着自身的军事天分，很快就崭露头角，得到北府军首领刘牢之的器重。

此时正是东晋大乱之时。孙恩、卢循起义席卷江东，荆州王恭、桓玄等人起兵造反。刘裕虽出身寒微，但却是一位不世出的军事天才。他治军严明，富有韬略，经常以少胜多。孙恩虽拥兵众多，声势浩大，却根本不是刘裕的对手，很快就被刘裕打得丢盔弃甲，逃到海上。

孙恩之乱虽然没有灭亡东晋，但却使支配江左百余年的士族受到了沉重的打击，以刘裕为首的寒门武将相继崛起。之后的桓楚篡晋不仅彻底打击了司马氏皇族，更是为刘裕上位做了嫁衣。

公元403年，桓玄逼迫晋安帝禅位，建立了桓楚政权。刘牢之被迫交出兵权，自缢身亡。出身寒门的刘裕对司马氏皇族一向没有好感，因此他在桓玄篡位后审时度势，表示愿意"归附"，得到桓玄的青睐。

然而桓玄虽出身显赫，却无人君之才，强行改朝换代以后，不仅没有开创一番新朝气象，反而沉溺于享乐，很快就失尽人心。刘裕见桓玄成不了气候，索性就在京口召集北府兵旧部，以讨伐篡逆之名起兵，各地纷纷响应，不到一年就消灭了桓楚政权，拥立晋安帝复位。

作为"首席功臣"的刘裕，得到了东晋的军政大权，成为新一代权臣，只不过相比他的前辈们，他出身贫寒，骤然得此高位，必须付出更多的努力才能坐稳位置。

以军功起家的刘裕非常清楚，桓玄的失败是因为他的根基太浅，功业未成就匆匆忙忙地篡位，被人视作乱臣贼子，只过了三个月皇帝瘾就失败了。因此，刘裕吸取了桓玄的教训，并不急于改朝换代，而是要削平反对势力，做出一番成绩，让众人心服口服之后再顺理成章地接受晋室"禅让"。

事实证明，刘裕不仅是一位天才的军事家，更是一位杰出的政治家。掌权后，他大力推行义熙改革，在经济上轻徭薄赋，发展生产，对士族推行土断，清丈田地；在吏治上选贤举能，重用寒门士子；在文化上发展教育，广收书籍；在军事上整顿军队，准备北伐中原，收复故土。

公元 409 年，北方南燕皇帝慕容超纵兵劫掠淮北。刘裕小试牛刀，亲自带兵讨伐，将慕容超一路打回到南燕国都广固，并将广固包围得水泄不通。八个月后，穷途末路的南燕朝廷开城投降，刘裕杀尽南燕鲜卑贵族，将慕容超带回建康斩首示众。刘裕本打算乘胜追击，继续北伐，但是后院起火，让他不得不先行撤军。

当年和孙恩一起造反的卢循又聚拢十余万流民攻打建康。刘裕回来后发现城中兵力仅有数千人，自己带回的军队也多有伤病，很难应对卢循的大军。朝中士族纷纷建议刘裕带着皇帝逃离建康，而刘裕坚持守城，动员城中百姓坚守城池。

和孙恩一样，卢循虽人多势众，但只是乌合之众，不仅无法攻破建康，就连从周边郡县那里也没讨到什么好处，只能退回江州。刘裕率兵追击，在公元 411 年初彻底平定了卢循之乱，随后又讨平荆州刺史刘毅、谯王司马休之，将东晋的立国之本——荆、扬二州彻底收入囊中。同时又收回了益州和汉中，削平南方割据势力，基本收复了三国时东吴、蜀汉的领土，与北方的北魏、后秦对峙。

公元416年，后秦文桓帝姚兴卒，太子姚泓继位，西北羌胡、仇池反叛，后秦内乱四起。刘裕趁机出兵北伐，顺利收复古都洛阳，又一路攻进长安，迫使姚泓投降，将他带到建康斩首。

至此，刘裕已经收复了黄河以南、淮水以北以及汉水上游的大片地区，是五胡之乱、永嘉南渡以后，整个南朝版图最大的时期。

公元418年，刘裕加九锡，封宋公，晋宋嬗代开始倒计时。"口不能言、不知寒暑"的晋安帝已经失去了利用价值，被秘密处死。皇弟司马德文登基，成为司马氏的末代皇帝，史称晋恭帝。不久，刘裕又晋爵为宋王，授天子仪仗。

公元420元，晋恭帝正式下诏"禅位"，晋朝宣告灭亡，自司马炎称帝开始算起享国一百五十余年。刘裕受禅称帝，国号大宋，史称南朝宋，又称刘宋。司马氏子孙除了北上投魏的以外，留在江左的都被尽数诛杀。然而颇具戏剧性的是，刘裕吸取了东晋皇室衰微、权臣势大的教训，却又将自己的儿子分封到各个重镇，无形之中又走回了西晋的老路，为之后的刘宋内乱埋下伏笔。

公元422年，刘裕计划讨伐北魏，希望能就此统一天下，然而未及出发就病重而不得不取消计划。不久，刘裕在建康病逝，享年60岁，谥武皇帝，庙号高祖。

萧衍：是开国之君，也是亡国之君

刘宋末年，皇室内斗激烈，朝政动荡，大将萧道成趁着内乱，乘虚而入，杀光刘宋宗室，于公元479年受禅称帝，建立了南齐政权，史称齐高帝。与萧道成同属兰陵萧氏的萧衍也成了南齐宗亲。

论辈分，萧衍是萧道成的族侄，除此之外，两人再无什么联系。萧道成在位三年驾崩，太子萧赜继位，是为齐武帝。这一年，萧衍19岁。

萧衍自幼饱读经史，有着很高的文化素养。20岁时进入竟陵王萧子良的幕府，和沈约、谢朓、王融、萧琛、范云、任昉、陆倕七人，合称为"竟陵八友"。竟陵王萧子良是齐武帝萧赜与皇后所生的次子。而嫡长子萧长懋理所当然地就是太子，他崇尚名节，礼待文士，很得父皇器重。

永明十一年（493），太子萧长懋突然病逝。当时齐武帝已是重病不起，骤然遭受丧子打击，悲痛万分，但是一个很现实的问题摆在他面前，自己已经活不了太久，该让谁接班呢？

当时有两个人选摆在齐武帝面前——太子萧长懋的儿子萧昭

业，另一个是竟陵王萧子良。

萧昭业容貌俊美、喜好隶书，但是生性顽劣、性格骄纵，但是他在爷爷齐武帝面前装得孝顺。萧赜爱屋及乌，临终前将他立为皇太孙。

几天后，萧赜病逝，时年 21 岁的萧昭业登基。然而没过几天，萧昭业就原形毕露，肆意胡闹，朝野上下都对这个小皇帝非常不满。西昌侯萧鸾（齐武帝堂兄）趁机发动了政变，把萧昭业赶下皇位，立了萧昭业的弟弟萧昭文为新帝。

在这场政变中，萧衍也出了大力。当时萧衍已经调到随王萧子隆帐下当参军，由于父亲离世，回到建康守丧三年。萧子隆和萧子良虽都是萧衍的故主，但是萧衍并不认为这两人有什么人君之才，小皇帝萧昭业更是荒淫无度。

而西昌侯萧鸾是萧道成的侄子，素有威望，又是齐武帝任命的辅政大臣，若是跟随他，日后必然前途无量。

于是萧衍投奔到萧鸾麾下，帮着他出谋划策，干掉了随王萧子隆，扫清了萧鸾上位的障碍。

萧鸾立了萧昭文之后，仅过三个月又逼迫他退位，自己当了皇帝。萧衍也因定策之功，被封为建阳县男，食邑三百户。

萧鸾并非萧道成直系子孙，萧道成子孙众多，按照传统宗法制度，他们都比萧鸾更有资格当皇帝。为了永绝后患，萧鸾先发制人，把萧道成的子孙杀了个干净！

这场血腥的屠杀虽让萧鸾坐稳了皇位，但却动摇了南齐的根基，也给萧衍留下了很深的心理阴影。同室操戈，自相残杀，何至于此！萧鸾在位五年，驾崩后其子萧宝卷登基，把其父留下的大臣又杀了个遍，就连萧衍的兄长萧懿都无罪惨死，南齐上下离心离德，即将走向灭亡。

永元二年（500），萧衍招募到三万甲士，决心推翻萧宝卷。为了师出有名，他拥立了萧宝卷之弟萧宝融为皇帝，率大军进攻建康，一路攻城拔寨，在次年十月就兵临建康城下！众叛亲离的萧宝卷还不知自己已经穷途末路，依然和爱妃潘玉奴夜夜笙歌，守城将军王珍国率兵冲进皇宫，砍下了萧宝卷首级，打开城门迎接萧衍入城。

一年后，萧宝融下诏退位，南齐宣告灭亡，共享国祚二十三年，是南朝国祚最短的朝代。而接下来的梁武帝萧衍，却是南朝在位时间最长的皇帝，他所建立的南梁是整个南朝最繁华的时代。然而在这繁华背后，隐藏着巨大的危机。

萧衍登基后励精图治，革除了刘宋、南齐的弊政。由于北方的魏国当时已经衰落，无暇南顾，连年动乱的南朝在萧衍的统治下进入一个难得的承平时期。

萧衍吸取了刘宋、南齐残杀宗室导致败亡的教训，对自己的亲人都非常优待，甚至到了纵容的地步，为日后的祸乱埋下了祸根。萧衍有九个兄弟，子侄众多，而萧衍本人则生有八个儿子，这些人组成了庞大的南梁宗室。其中以萧衍的三个儿子——长子萧统、三子萧纲、七子萧绎最为著名，他们和父皇萧衍并称为"四萧"。

"四萧"在中国文学史上有着非常重要的地位，萧衍本人就是以文学闻名,在音乐、绘画、书法上均有很高造诣,下令编撰了《通史》六百卷。长子萧统(谥昭明太子)温柔敦厚,主持编撰了大名鼎鼎的《文选》。三子萧纲擅长诗文,开创了宫体诗。七子萧绎工书善画,著书四百余卷。

南梁不仅皇室文化昌盛,世家大族也是人才辈出,《千字文》《文心雕龙》《诗品》等重要著作均是在此时期面世。后世史书公认南梁的文风之盛,历代无出其右!

讽刺的是,这样的盛世,属于宗室,属于世家大族,却不属于贫苦的百姓。自五胡之乱后,北方世家大族以及无家可归的流民都大批南渡到江左,两百年来户籍混乱,东晋、刘宋、南齐三朝均未厘清这个问题。

萧衍登基后,试图厘清户籍,没想到却因地方官僚腐败,导致社会矛盾加重。流民依附于世家大族,不能为朝廷缴税服役,为了维持这个"太平盛世",南梁朝廷只能变本加厉地苛待百姓,税赋徭役名目繁多,民不聊生。

而且萧衍还一味地纵容宗室,导致这些王公贵族可以有恃无恐地欺压百姓,比如萧衍的侄子萧正德就是其中的"佼佼者"。萧正德早年曾叛逃到北魏,后来又回到南梁,萧衍不仅没有追究,反而委以重任。萧正德无恶不作,百姓对他深恶痛绝。萧衍派他镇守南兖州,本是沃土千里的富饶之地,竟出现了大饥荒,百姓流离失所,以致出现人相食的现象。

在社会矛盾日益尖锐的情况下,南梁为何还能承平四十余年?

北面的北魏又在干什么呢？

北魏正光四年（523），爆发了六镇起义，北方迅速陷入混战，无暇南顾。五年后，又发生了河阴之变，胡灵太后毒死儿子孝明帝元诩，大权独揽，孝明帝的岳父尔朱荣打着匡扶帝室的旗帜杀入洛阳，将胡灵太后和她立的幼主元钊推进黄河淹死，还将北魏皇族、文武百官都血洗一空。

北魏的北海王元颢南逃至江左，请萧衍出兵帮他复国。萧衍一口答应了下来，派陈庆之护送元颢北归洛阳，试图在中原扶持一个傀儡政权。

陈庆之，字子云，出身寒门，少年时就跟随萧衍。北魏爆发六镇起义后，徐州刺史元法僧趁乱投降梁朝，献出徐州。萧衍派陈庆之护送二皇子萧综前去接收。北魏派出两万人夺回徐州，却被陈庆之的两千精兵打败。这时萧综却突然叛逃北魏，让陈庆之功亏一篑。南梁军心大乱，溃不成军，到手的徐州又丢了。

而萧综背叛南梁的原因也让人颇为唏嘘，原来他发现自己是萧宝卷的遗腹子。当年萧宝卷被萧衍杀了以后，他的妃子吴景晖就被萧衍霸占，不久就生下了萧综，萧衍将他视如己出。长大后的萧综从母亲那里得知自己的父亲是萧宝卷，他一直视为父亲的萧衍却是杀父仇人，在这样的刺激之下，萧综叛逃到了北魏。六年后，萧综死于北魏，年仅 31 岁。萧综的尸骨后来辗转运回南梁安葬。

这场徐州之战虽然功亏一篑，却也让萧衍认识了陈庆之的军事才能。陈庆之不善骑射，但是极善于兵法韬略，经常能以少胜多。

在普通八年（527）的涡阳之战中，陈庆之随曹仲宗攻下了北魏的涡阳城，与赶来夺城的魏军对峙。

双方交战百余场，都已筋疲力尽，曹仲宗想要撤回南梁，却遭到陈庆之的极力反对："吾闻置兵死地，乃可求生，须虏大合，然后与战。审欲班师，庆之别有密敕，今日犯者，便依明诏。"

其实陈庆之并没有什么密诏，但是他的气势着实震慑了曹仲宗，使他打消了退意。然而在兵困马乏的境遇下，坐困孤城并不是什么明智之举。陈庆之要如何绝地求生呢？

魏军在涡阳城外建了十三座城寨，形成掎角之势，包围涡阳。但很不幸的是，这是一个很容易失败的战术，很容易就会被敌军各个击破。陈庆之趁着天黑风高，出动骑兵连克四城，北魏军心大乱，剩下九座城寨也很快就崩溃了。

这一战，北魏投降了三万多人，南梁在涡城设立了西徐州。萧衍非常高兴，下旨褒奖陈庆之："本非将种，又非豪家，触望风云，以至于此。可深思奇略，善克令终。开朱门而待宾，扬声名于竹帛，岂非大丈夫哉！"

陈庆之是一位非常杰出的将领，然而他出身寒门，仅长于军事，不会吟诗作对，在极度讲究门第的江左社会中难以立足，仕途举步维艰。

虽然萧衍给了他一个很重大的任务——护送元颢北归，但是拨给他的兵马却只有七千人。以往南朝北伐少说也得有一两万兵力，仅用七千人如何能从江东打到洛阳？指不定在沿途哪个州县就遭遇强敌，全军覆没。

　　然而陈庆之却出乎意料地完成了这个看似不可能完成的任务。陈庆之身穿白袍，带着七千精兵所向披靡，一路上过关斩将，攻城拔寨，沿途州县望风而降，很快就打到了距离洛阳咫尺之遥的荥阳。当时荥阳有七万守军，是陈庆之兵力的十倍，此外北魏的元天穆、尔朱兆等人也正率军前来阻击陈庆之，三方兵力共有三十万之众。

　　梁军众将士心生惧意，而陈庆之却对大家说道："我们一路打到这里，攻城略地，实在不少，杀人父兄、抢人子女，又是数不胜数，元天穆等人与我们是血海深仇，我等只有七千人，而对面有三十万人，今日之事，义不图存！敌军多是骑兵，我们不能与他们在平原上争锋，只能迅速拿下城池！你们若是迟疑，那么等待你们的就只有被屠杀的命运！"

　　在这样半是鼓动、半是威吓的动员之下，梁军士气大振，赶在敌军到来前攻克了荥阳。荥阳到洛阳咫尺之遥，中间仅剩虎牢关一道关卡，镇守虎牢关的尔朱世隆逃走，北魏孝庄帝元子攸连夜逃往并州，陈庆之攻克洛阳，控制了黄河以南的土地。当时洛阳流传着一首童谣："名师大将莫自牢，千兵万马避白袍！"

　　然而元颢眼见洛阳到手，就想着甩掉陈庆之，自行其是。有人劝陈庆之杀掉元颢，但是陈庆之顾虑到元颢作为北魏宗室在北方的影响力，贸然动手，必然会招来魏军围攻，因此拒绝了这个要求，还向元颢请求出镇徐州。而元颢自然是不会放他走的，双方各怀鬼胎，互相提防。

这时尔朱荣挟孝庄帝元子攸卷土重来，元颢所占领的城池一时间全部倒戈投降！在绝对的劣势下，陈庆之渡河驻守中郎城，试图阻击尔朱荣，三天力战十一场，尔朱荣大军死伤惨重。尔朱荣另派尔朱兆渡河去攻击元颢，元颢溃败，逃到临颍被抓住。

陈庆之只好收拢残军退回南梁。但是屋漏偏逢连夜雨，嵩山突然暴发了山洪，梁军全军覆没。幸免于难的陈庆之扮成一个和尚，辗转返回南梁。其后陈庆之又进攻东魏，并且大破东魏的侯景。但是令陈庆之想不到的是，正是这个侯景，将会给南梁带来灭顶之灾！

中大同二年（547），东魏叛将侯景南下投梁，表示愿意献上河南十三州，时年 84 岁的萧衍丝毫不觉其中有诈，一口答应了下来，封他为河南王，希望能借此统一中原。侯景投梁自然是不怀好意的，他听说萧衍的侄子萧正德心怀异志，于是挑拨萧正德谋反篡位，萧正德大喜，两人一拍即合，约定事成之后，萧正德当大梁皇帝，侯景当丞相。

侯景带着八百铁骑从寿阳起兵，一路上吸收了不少流民，兵力迅速扩张到了数万，气势汹汹地向建康进发。好巧不巧的是，此时负责建康城防的正是萧正德。两人里应外合，一路畅通无阻，很快就攻破建康的朱雀门、宣阳门，开始围攻建康宫城！

经过四十多年承平盛世，建康的世家大族早已不修兵事，难以抵抗侯景大军，死伤惨重，而周边百姓更是惨遭屠杀，血流成河。驻守各地的宗室诸王，见建康遭难，却置若罔闻，不仅没有率兵勤王，反而先内斗起来。镇守江陵的萧绎（萧衍第七子）不仅没有去救父皇，反而和自己的两个侄子萧愷、萧誉互相攻击。

此时的建康宫城已是危如累卵，侯景围攻了五个月，终于攻入城中，彻底控制了南梁军政大权，皇帝萧衍被活活饿死，终年86岁，谥梁武帝。萧正德也被侯景杀掉。南梁国祚五十五年，萧衍一个人就当了四十七年皇帝，是南北朝在位最久的皇帝，也是中国历史上最长寿的皇帝之一。

在萧衍死后，南梁宗室陷入内讧，大将陈霸先趁机夺权篡位，南朝由此进入到最后一个朝代——南陈。此时距离隋朝大一统仅有不到三十年了！

北齐：北朝最变态的王朝

南北朝时期混战不止，若说最"奇葩"、最变态的王朝是哪个，南有刘宋，北有北齐。

北齐政权的奠基人是东魏权臣高欢。高欢出身渤海高氏，因祖父高谧有罪，一家人被流放到怀朔镇，编入兵户，从此家道中落，成了一个破落户。

高欢长相英俊，少有大志，有一日突然遇到了鲜卑贵族小姐娄昭君，两人一见钟情，娄昭君觉得高欢不是池中之物，日后必成大业，于是她说服了家人，带着一大笔丰厚的嫁妆嫁给了高欢。

娄昭君没看错人，高欢确实是一个很有才能的野心家。他投靠北魏权臣尔朱荣，凭借出色的军政才能，很快就成为尔朱荣的亲信都督，还与其结拜为兄弟。

公元 528 年，尔朱荣不满胡灵太后擅权，率大军攻入洛阳，将胡灵太后和小皇帝元钊扔进黄河溺死，拥立宗室元子攸为帝，史称孝庄帝。

高欢作为尔朱荣的心腹，也因定策之功，获封为铜鞮伯。两年后，孝庄帝发动政变，杀死了尔朱荣。

尔朱荣的堂弟尔朱世隆和侄子尔朱兆闻讯后起兵造反，攻打洛阳，双方陷入混战。

那么高欢会站在尔朱家族这一边，还是站在孝庄帝这一边呢？

尔朱家族残暴不仁，不仅缢杀了孝庄帝，还在洛阳烧杀抢掠，失尽人心。

高欢见这群人不能成大事，便主动要求去招抚六镇降兵，尔朱兆不知放虎归山的后果，一口答应了下来。

高欢连夜跑到汾东，招抚六镇降兵，在极短的时间内迅速聚集成一支大军，起兵讨伐尔朱氏。

尔朱氏家族败亡，高欢拥立元脩为帝，史称孝武帝。北魏大权，尽数落于高欢之手。然而孝武帝不满高欢擅权，找了个机会逃到宇文泰那里。高欢只能另立11岁的元善见为皇帝，史称孝静帝。

次年，宇文泰毒死了孝武帝元脩，改立元宝炬为帝。

北魏分裂成东魏和西魏。

东魏建都邺城，由高欢主政，而西魏建都长安，由宇文泰掌握大权。

再加上江左的南朝，中国又一次进入了三国鼎立时代。

高欢能从一个穷小子变成东魏权臣，离不开正妻娄昭君的支持。娄昭君生的六个儿子，有四个都成了北齐的皇帝。

然而高欢诸子少有仁义之人，大多胡作非为，飞扬跋扈，甚至禽兽不如！

公元547年，高欢病逝，嫡长子高澄接掌大权，官拜大将军、都督中外诸军事、尚书令、大行台，封渤海王。

高澄自幼聪慧过人，高欢对他寄予厚望。但是高澄在私生活上颇为混乱，他曾和庶母郑大车私通，与琅琊公主元玉仪及其姐姐有染，甚至还依照柔然习俗，娶了后妈柔然公主。

娄昭君曾评价儿子高澄："聪明晓事，但不知规矩。"不过相比他的精神病弟弟高洋，高澄只能算小打小闹了。

高澄掌权后，紧锣密鼓地准备改朝换代。

小皇帝元善见不甘于再被高澄操控，试图挖地道逃出皇宫，召集兵马推翻高澄，没想到事情败露，被高澄抓了个现行。

高澄大声质问道："陛下何意反邪？臣父子功存社稷，何负陛下邪？"说罢，便要下令将元善见的妃嫔们都抓走处死。

元善见没有被高澄吓住，大义凛然地说道："王自欲反，何关于我？我尚不惜身，何况妃嫔！"

高澄立刻做出一副痛哭流涕的样子，元善见只好借坡下驴，表示这是一场误会，此事便不了了之。

三天后，高澄就把元善见软禁起来，并且把元善见的亲信下锅煮了。

公元 549 年 7 月，高澄晋封为齐王，赞拜不名，入朝不趋，剑履上殿。路人皆知，高澄篡位只是一个时间问题。然而在次月发生的一个意外，彻底改变了当时的朝局。

一日，高澄怀疑厨子兰京是奸细，便和手下说："我昨晚梦见这个奴才要杀我，看来我得赶紧杀掉他。"

这个兰京早就对高澄怀恨在心，听到高澄想杀自己，就假借送汤之名当场刺杀了高澄。

事发突然，一时间群龙无首。那么谁会出来继续高澄的大业呢？

高澄的二弟高洋皮肤黝黑，其貌不扬，从小就被大哥轻视。

在高澄意外被杀后，高洋及时站出来，解决掉凶手，接掌了大权，并于次年逼迫孝静帝禅让，登基为帝，建立了北齐王朝。

高洋掌权初期还算一代英主，他励精图治、肃清吏治、减少冗官、革除弊政，使北齐成为当时最强大的政权。

然而高洋嗜酒如命，有很严重的精神问题。他喜欢涂脂抹粉，身穿女装招摇过市，有时候干脆一丝不挂，在大街上裸奔。

皇太后娄昭君见高洋如此荒唐，非常生气，要举起手杖打他，却被摔了个满怀。高洋骂骂咧咧地说："老太婆你再多事，我就把你送给胡人。"

对生母尚且如此，对妻妾妃嫔就只能用残暴无道来形容了。

高洋曾怀疑爱妃薛嫔出轨，于是亲手杀了她，在酒宴上当众把她的尸体肢解，用骨头做成了琵琶，自弹自唱。在场众人无不毛骨悚然。高洋还感叹："佳人难再得，真是可惜啊！"

有一天，高洋突发奇想，把前朝东魏宗室都杀得一干二净，连婴儿都不放过。尸体也不掩埋，直接扔进漳河里，以致河边的百姓每次打鱼都能在鱼腹中发现人的脚指甲，很久都不敢吃鱼。

由于长期沉溺酒色，高洋年仅34岁就病重不治，临终前传位给年仅15岁的皇太子高殷。北齐王朝自相残杀的序幕拉开了。

高殷小时候因为长得像汉人，不得高洋喜欢。高洋想废长立幼，因杨愔劝阻才保住了太子之位。

登基后，高殷重用杨愔推行改革，结果导致北齐皇室矛盾激化。

在此期间，西魏政权也完成了改朝换代，宇文泰之子宇文觉篡位登基，建立了北周，与北齐分庭抗礼。

公元 560 年，在太皇太后娄昭君的默许下，她和高欢所生的第三个儿子——常山王高演发动兵变，废黜高殷，登基称帝。

高洋生前就曾担心儿子太小，会坐不稳皇位，因此他和高演说："我儿子的皇位你可以夺，但是不要害他的性命。"

高演当时诚惶诚恐地表示一定会尽心辅佐，然而真等到他夺了侄子的皇位，就忘了皇兄的遗言，派人杀掉了高殷。

高殷死后，高演就疑神疑鬼起来，他害怕皇兄和侄子的亡魂会找自己索命。不久，高演就因为意外坠马伤重不治而亡。临终前害怕弟弟也会杀掉自己的儿子，于是主动把皇位传给同母弟弟高湛，希望他能善待自己的家人。但是这个高湛的变态程度并不比二哥高洋差多少。

他登基以后，第一件事就是虐杀了高演的儿子高百年，还强行逼奸二嫂李祖娥。

李祖娥非常羞愧，溺死了被高湛奸污而生下的女儿。

高湛大怒，当着李祖娥的面杀了她的儿子高绍德，还用鞭子把李祖娥打得鲜血淋漓，扔进水沟里。

高澄的长子高孝瑜与小叔高湛同岁，两人关系一度非常密切。

高孝瑜在高湛的儿子高纬太子大婚时，不知收敛，偷偷与高湛的妃嫔、自己的情人尔朱摩女说话，惹得高湛大怒，灌了他三十七杯酒，并在高孝瑜回去的路上，派人毒杀他，将其尸体扔进了河里。

高湛在位时荒淫无道，宠信奸佞，滥杀无辜，北齐朝政混乱不堪，甚至连老天爷都看不过去，在北齐天空上划过了一道彗星。

高湛迷信天象，将皇位让给皇太子高纬，自己当上了太上皇。然而高纬能收拾得了父皇留下的乱摊子吗？

高纬虽然从小有"令善"的美誉，但是他生性懦弱，不善言辞，大臣奏事时多看他几眼都要发怒。久而久之，文武百官都不敢找他奏事，就算奏事也只是说个大概。

高纬索性就把朝政交给乳母陆令萱、亲信和士开等人处理。

这群人也没有什么治国才能，只知道卖官鬻爵，一时间高官泛滥，把朝廷搞得乌烟瘴气。

高纬的弟弟高绰在定州胡作非为，有人在皇帝面前控诉他的恶行，于是高纬下令把弟弟抓回来，问道："你在定州时有什么开心的事？"

高绰说看蝎子和蛆虫互咬最开心。

于是高纬派人抓了蝎子回来，把告状的那个人扔进去，兄弟俩看这人被蝎子蜇得痛苦号叫，非常高兴。高纬还埋怨弟弟："这么好玩的事你怎么不早点告诉我？"

然而没过多久，有人诬告高绰谋反，高纬不愿亲手杀死弟弟，于是让力士把高绰活活掐死，埋在佛寺下面。

乐工曹僧奴向高纬进献了两个女儿，长女被高纬剥去面皮赶出后宫，幼女却获封昭仪，得到高纬宠爱，高纬还为她建了一座非常奢华的宫殿。

也不知曹昭仪和高纬享乐时会不会想起姐姐的惨状。

不久，曹昭仪就因得罪了陆令萱，被高纬杀死。

曹昭仪死后，原来的宫女冯小怜成为高纬最宠爱的女人。她非常漂亮，又擅长琵琶歌舞，高纬整日和她醉生梦死，寸步都离开不了，就连上朝时都会抱着她。传说高纬为了炫耀爱妃的曼妙身材，竟让大臣都进来观赏她的胴体，留下了"玉体横陈"的典故。

就在高纬纵情享乐之际，西边的北周王朝已经秣马厉兵，准备消灭北齐，统一北方。

公元576年，北周武帝宇文邕出兵讨伐北齐，几路并进，很快就打到了平阳。北齐首都晋阳岌岌可危，而高纬和冯小怜还在城外三堆玩乐。

报急的使者来了好几次，都被挡在宫外。直到平阳失陷，高纬才知道周军马上就要打到家门口了。

高纬和冯小怜匆匆赶到前线，想让北齐军队夺回平阳，结果却被周军打退。

战况还未分出胜负，高纬和冯小怜就大惊失色，扔下大队人马，跑回了首都晋阳。

北齐大军群龙无首，军心大乱，当时就崩溃了，再也无法挡住周军。

最终，高纬在逃亡途中被周军活捉，北齐皇室都被送到北周首都长安安置，宇文邕平定了北齐残余势力，统一了北方。自此，漫长的乱世，即将走向终结。

第五章

隋唐帝国：
盛世英雄长歌

经过漫长的分裂时代，中国终于再次迎来了统一。杨坚建立隋朝，然而仅过三十多年就灭亡了，唐朝继立而起，辽阔的疆域、璀璨的文化，为后人留下了无数宝贵的遗产，可是盛唐的繁华最终以"安史之乱"的混战而黯然落幕，盛极一时的大唐陷入宦官专权、藩镇林立的境地，最终在又一次分裂中灭亡。

那么隋唐帝国到底有多强盛？武则天如何成为女皇？盛世之后的大唐为何一地狼藉？在皇帝、藩镇、宦官的权力游戏中，谁会是最终的胜利者？

乱世的统一：艰苦朴素、励精图治的隋文帝

隋朝的建立，要从杨坚的父亲杨忠和岳父独孤信开始说起。杨坚之父杨忠出身北魏武川镇，早年曾投效在尔朱氏麾下，后来又成为独孤信的得力干将。河阴之变后，北魏分裂成东魏、西魏，东魏由高欢把持，西魏由宇文泰把持。杨忠和独孤信一起得到西魏权臣宇文泰的重用。

东魏、西魏都是傀儡政权，很快它们就相继变成了北齐与北周，与南方的陈朝三足鼎立。

北周由宇文泰奠基。宇文泰死后，因宇文泰的嫡长子宇文觉仅有 15 岁，北周大权都由宇文泰之侄宇文护独揽。

老臣赵贵等人不满宇文护专权跋扈，于是暗中策划政变，准备推翻宇文护。没想到事情败露，独孤信作为参与者之一，被宇文护勒令自杀。临终前，他将小女儿独孤伽罗嫁给了杨忠的长子杨坚。

独孤信万万没想到，这桩婚事会彻底改变历史的进程。三百年来，无数英雄豪杰所向往的大一统朝代从此刻开始生根发芽了。

不久，宇文护杀掉宇文觉，改立宇文泰庶长子宇文毓为新帝。

宇文毓的妻子就是独孤伽罗的大姐，杨忠一家从此就和宇文氏成了亲戚。宇文毓在位没多久，就因为不肯听宇文护摆布而被毒杀。接着，宇文泰的第四子宇文邕继承了皇位。

宇文邕吸取了两位皇兄的教训，对宇文护非常"尊崇"，两人暂时相安无事，北周朝局暂时稳定下来。

但是宇文护对杨坚却非常看不惯。杨坚相貌英俊，深沉少言。宇文泰就曾说杨坚不是一般人物。

生性多疑的宇文护觉得杨坚日后必定会是一个威胁，因此他想方设法地找杨坚麻烦，幸亏有大将军侯伏、侯寿等人保护，杨坚才能躲过一死。

公元 568 年，杨忠病逝，杨坚继承了父亲的爵位——随国公。此时宇文护掌权已有十年之久了，在这十年里，杨坚每天都在小心应付着宇文护的刁难，皇帝宇文邕则在韬光养晦，寻找铲除宇文护的机会。

东面的北齐、南面的南陈已处于内讧之中，北周经过多年积累，国力已经日渐强大。漫长的乱世，即将迎来统一的曙光。

宇文护精于权谋，但是并无人君之才。作为臣子，他的野心太大；作为君主，又缺之识人之明，部下大多不堪大用，都是贪赃枉法之辈。

久而久之，上至朝廷百官，下至黎民百姓，对宇文护都非常不满。

公元 572 年，宇文邕联合弟弟宇文直，发动政变，杀死了宇文护。

长年被宇文护打压的杨坚终于等到了出头之日。杨坚和独孤伽罗的长女杨丽华被宇文邕册封为皇太子妃。

然而很快杨坚又要被宇文家冷落了。

齐王宇文宪说杨坚相貌非常，不会久居于人下，要早早除掉他。宇文邕不以为然，没有放在心上，而杨坚听说此事后，平日里更加小心翼翼了。

公元576年，宇文邕出兵讨伐北齐，北齐经过多年内讧，人心涣散，早已不是北周的对手。

次年，北齐灭亡。自此，北周已经统一了北方。南方的陈朝疆域狭小，朝臣沉溺于醉生梦死，远不是北周的对手。北周统一的条件似乎已经成熟，但这时宇文邕突然暴亡，让局势再次发生了改变。

宇文邕之子宇文赟登基后，荒淫无度，沉溺酒色，还残杀了很多宗室、大臣。此外，他非常猜忌岳父杨坚，想赐死皇后杨丽华，独孤伽罗进宫求情，磕头磕到血流满面，才让皇帝女婿暂时放过了杨家。

由于长期沉溺酒色，宇文赟20多岁就突然重病不治而亡，临终前找来宠臣郑译、刘昉托付后事。这二人见嗣君宇文阐只有7岁，而且并非杨丽华亲生，于是找来杨坚辅政。

对于这个名义上的外孙宇文阐，杨坚实在没多少感情，再加上他被宇文氏猜忌多年，早已有异心，于是在宇文赟死后，他就紧锣密鼓地准备改朝换代。

他先是让宇文阐封自己为大丞相，然后又削除宇文氏诸王的权力，晋封隋王，继而受宇文阐禅让，登基称帝，改元开皇，定国号大隋，史称隋文帝。

隋文帝登基初期，革除前朝弊政，轻徭薄赋，清查土地人口，使国力大为增强。

同时，他废除了实行三百余年的九品中正制，也抛弃了北周的落后制度，从北齐及南朝的政治体系中撷取精华，创建了三省六部体系，开创了科举制度，对后世影响深远。在杨坚的励精图治下，百姓生活富足，社会空前繁荣，史称"开皇之治"，漫长的乱世终于走到了终点。

公元588年，晋王杨广率五十万大军南下灭陈，次年南陈皇帝陈叔宝投降，至此，隋朝完成了天下一统。

但是由于长久的分裂，南北社会已产生很大的隔阂。南朝律法一向宽松，而隋朝律法相对来说就很严格。即使杨坚对南朝士族非常优待，还免了江南十年的赋税，然而在严刑峻法之下，广大百姓对隋朝的统治还是非常不满。

就在隋朝统一的次年，南方突然传开一个谣言，说朝廷要迁徙富户到关中，这一下引爆了江南的反隋浪潮，一时间南陈故地，遍地反旗。隋文帝连忙派杨素去平乱。经过杨素的残酷镇压，这场大乱才得以平定。

然而动乱的祸根已经就此生根发芽！虽然隋朝仍是一派欣欣向荣的景象，但是庙堂之上暗流涌动，黎民百姓苦于严刑峻法。这时候一个女人的死亡，更是引发了一系列连锁效应。

皇太子杨勇生性好色，后宫美人无数。他最宠爱的就是姬妾云昭训，因此冷落了正妃元氏，竟将她气出了心病，年纪轻轻就去世了。

皇后独孤伽罗听说此事后，认为杨勇与云昭训合伙谋害嫡妻，从此对这个长子失去了好感，派人整天盯着他。晋王杨广知道母亲厌恶大哥宠妾灭妻，于是就一改好色本性，装成很深情的样子，只宠爱正妃萧氏。两相对比之下，独孤伽罗就有了换太子的想法。

杨勇也知道母亲讨厌自己，心中惴惴不安，于是在谋士的建议下，在东宫造了一个庶人村，整天窝在里面。杨坚见太子行为反常，派杨素去监视他。杨素和杨广关系一向不错，他故意激怒杨勇，让杨勇说出很多埋怨的话，再添油加醋报告给杨坚听。

杨勇的政治生命就这样结束了。公元600年，隋文帝下诏废黜太子杨勇，改立晋王杨广为皇太子。

隋文帝第四子杨秀见大哥被废，心中愤愤不平。杨广害怕杨秀会反对自己，就让杨素罗织杨秀的罪名，在父皇面前狠狠地告了四弟一状。杨秀被废为庶人。与此同时，还有一大批不满杨勇被废的官员遭到清洗。

后世史官对隋文帝杨坚不吝赞美，对杨广则多有贬斥，将杨坚改立杨广为太子看作隋朝灭亡的根源。然而杨广喜怒无常的性格却与杨坚一脉相承。

前文提过，隋朝的律法严苛，以致江南百姓揭竿而起。杨坚在开皇十七年又下令盗窃一钱就当街处斩，但是这非但没让盗窃现象减少，反而让百姓更加恐慌。为了严惩官员贪污，杨坚还暗中派人行贿，若是有人敢接受，则一律处死。

若只是严刑峻法也就罢了，更为要命的是，杨坚本人对他制定的苛法也经常不遵守，赏罚完全凭借一己心意。

有一年元旦大朝，部分官员穿戴不整，御史没有及时弹劾，杨坚就把御史处斩。对不合自己心意的官员，也经常用廷杖打死。就连功臣武将，也有不少因杨坚的猜忌而不得善终。这样的朝廷，如何会不乱呢？

公元 604 年，杨坚病重，命太子杨广监国。杨广趁机调戏了庶母宣华夫人。杨坚得知此事大骂道："畜生何足付大事，独孤诚误我！"便要让柳述、元岩去找废太子杨勇进宫。没想到杨素听说了此事，转头就去告诉了杨广。在这之后发生的事情，成了史书里的未解之谜。

杨广把皇宫的侍卫换成自己人，把宣华夫人和宫人赶了出去，又让手下张衡去寝殿侍疾，不久，杨坚驾崩，终年 64 岁，庙号高祖，与独孤皇后同茔异穴合葬于泰陵。

心酸一世的萧皇后：
从公主到王妃，再到亡国皇后

　　隋朝的萧皇后是一位身份很特殊的存在，她来自兰陵萧氏，是南朝皇室的直系后人，但却成为隋朝的王妃乃至皇后，见证了隋朝从兴起到灭亡，漂泊半生，最终在唐朝终老。

　　侯景之乱后，南梁出现了两个皇帝——在益州称帝的萧纪（萧衍第八子）和在荆州称帝的萧绎（梁元帝，萧衍第七子）。

　　萧绎是"四萧"之一，文化水平极高，藏书八万卷。在他称帝之后，萧纪出兵攻打荆州，萧绎找来西魏攻打益州。在两方夹击下，萧纪败亡。

　　而萧绎与侄子雍州刺史萧察（昭明太子萧统之子）不和，和掌控西魏的权臣宇文护也翻了脸，于是萧察归附了西魏。

　　在宇文护攻打萧绎时，萧察也出兵会合。走投无路的梁元帝萧绎把宫中藏书付之一炬，向西魏投降。

　　萧察用土袋闷死了萧绎，登基为帝，成为西魏的傀儡政权，史称西梁。

　　而南梁的大本营建康却还没有皇帝。北齐将萧渊明送到建康称帝，而陈霸先和王僧辩则迎立萧绎的幼子萧方智为嗣君。不久，陈霸先除掉了王僧辩和萧渊明，立了萧方智为皇帝。

但是萧方智只是傀儡，大权还是被陈霸先掌控。两年后，萧方智被迫禅位陈霸先。南朝最后一朝南陈开始了。

本篇的主人公萧皇后出生时，北方是北周武帝宇文邕在位，南方是南陈文帝陈蒨之子陈伯宗在位。

萧皇后是萧詧的孙女，其父是西梁孝明帝萧岿，因出生在二月，被父母视为不祥，自幼寄养在叔父萧岌和舅舅张轲家中。

公元 582 年，隋文帝夫妇为儿子杨广选妃，一直不受西梁皇室重视的萧氏被选为正妃，与晋王杨广成婚。

萧氏性情温婉，饱读诗书，秀外慧中，无论隋文帝杨坚还是晋王杨广本人，都对这位西梁小国的公主非常满意。萧氏嫁给杨广后，先后生下了两子一女。这也是杨广当时仅有的几个孩子。

因为杨广的母亲独孤伽罗非常讨厌宠妾灭妻这种事，不仅不许杨坚纳妾，还讨厌大臣与小妾生孩子。若是听说有哪个大臣和小妾生了孩子，就让杨坚不再重用此人。

不过也有一个例外，那就是杨广的大哥——皇太子杨勇。皇太子杨勇很有才华，但是一反父亲妻管严的传统，非常喜欢小妾云昭训，甚至还气死了太子妃元氏，这让独孤伽罗很是不满。

虽然在野史中，杨广有很多花边新闻，但他的小妾其实并不多，对正妃萧氏也非常尊重。夫妻二人琴瑟和鸣，一起孝顺独孤伽罗。久而久之，独孤伽罗更加喜欢杨广，转而厌恶杨勇。

杨广是个很有野心的人，一直都想取代大哥的太子之位。萧氏自然是全力支持夫君，萧氏娘家的兄弟们也为杨广出了不少力。

公元600年，隋文帝下诏废杨勇为庶人，立晋王杨广为皇太子，萧氏也升格为皇太子妃。

四年后，杨坚驾崩，死因成谜，杨广登基称帝。新帝上任三把火，第一把火就是假借杨坚的名义下旨赐死废太子杨勇，并召回汉王杨谅。杨谅不满二哥害死父兄，索性起兵造反。杨广派楚国公杨素平定了叛乱，将杨谅废为庶人。

为了免除后患，杨广又把杨勇的儿子尽数处死。在这场大乱中，牵连被杀和流放的有二十多万户百姓。清除了皇室内部的威胁，杨广踏着兄弟子侄的鲜血登上了皇位。

隋朝的首都是长安，但是由于长年战乱，周边粮草已不能支撑首都的运转，还需要依靠关东的漕运。遇上荒年，朝廷就要搬到洛阳。这个问题直到唐朝都没有得到太好的解决。

为了缓解长安的压力，杨广耗费重资营建东都洛阳，每月征发两百万民夫服徭役，仅用十个月就完成了这个浩大工程。新建成的东都洛阳气势恢宏、壮丽无比，是杨广最引以为傲的成就之一，然而在这盛世繁华图景之下，却是累累的白骨。

根据《资治通鉴》记载，在营建洛阳的过程中，由于工期紧张，民夫没日没夜地干活，导致有近半民夫死亡，用来运尸体的车一眼望不到边。

自古就有"一将功成万骨枯"，在杨广的统治下，一城建成就已是万骨枯了！

萧皇后对此忧心忡忡，她曾数次劝谏杨广，但杨广都充耳不闻，依然兴致勃勃地挥霍着隋文帝攒下的基业。除了洛阳之外，杨广还非常喜欢江南风光，从长安到江都（今扬州市），一路上修了四十余座离宫。

为了沟通南北，杨广下令征发百姓疏浚运河，将前朝所修的运河连通为贯穿南北的大运河。这条大运河就是隋唐大运河，以洛阳为中心，南至余杭，北到涿郡，全长二千七百公里，是世界上开凿最早、规模最大的运河，给后来的唐朝、宋朝带来便利，却给隋朝百姓带来了无数苦难。

如同营建洛阳一样，隋唐大运河的工期也非常紧张，民夫死伤无数，很多百姓甚至要靠自残才能躲过一劫。城池、运河都有了之后，杨广还征发百万民夫去修长城，死者又是十之四五。

客观来说，这些浩大工程确实有为国家社稷考虑，但更多的还是因为杨广不甘于做一个普通的守成之君，他想成为比肩秦皇汉武的伟大帝王。

然而杨广三征高句丽，却是彻底地把隋朝送上了死路。

公元 611 年，杨广不满高句丽不守藩礼，决心举全国之力，一举消灭高句丽。于是他征集了一百一十三万大军，两百多万民夫，于次年正月向高句丽进军。由于战线过长、指挥不当，隋军没有攻下高句丽的任何城池，反而损兵折将，死伤惨重。

杨广不甘认输，次年再次出征高句丽。没想到围城月余，都未能攻下高句丽的辽东城。然而，前线战况胶着之时，后方负责运粮的杨玄感先造了反。

他不满杨广猜忌自己，聚众十万在黎阳起兵，准备攻打洛阳。杨广闻讯后急忙退兵，粮草辎重堆积如山，全都由高句丽笑纳了。

此时的隋朝再也没有开皇之治时的气象。杨广追求建功立业，长年大兴土木、征伐无度，再加上水患天灾，百姓生活已经穷困至极。黄河之北，千里无烟；江淮之间，鞠为茂草。士卒填沟壑，骸骨蔽原野。国家已经到了这个地步，灭亡是迟早的事情。

但是杨广并没有停下脚步，公元 614 年，他第三次出征高句丽。这一次光是在行军路上就有无数士卒逃亡，杨广下令镇压都没能扼住势头。不过高句丽也无力再与隋朝对抗，主动遣使请降。杨广觉得自己已经取得胜利，就下令撤军。

回去以后，杨广召高句丽王入朝，对方却没有理会。杨广这时才知道自己被高句丽戏弄了，然而他已经无力再去打高句丽了。

三征高句丽的失败掏空了隋朝的国力。百姓揭竿而起，帝国狼烟遍地。而杨广被身边的佞臣蒙蔽，整日沉溺于酒色之中。

萧后无能为力，只好写了一首《述志赋》，表达自己的担忧："夫居高而必危，虑处满而防溢。"

公元 616 年，杨广第三次南巡，带着萧皇后和众多宗室一起来到江都。不久，瓦岗军首领翟让起兵造反，迅速席卷中原，于次年兵临洛阳城下。

与此同时，杨广的表弟唐国公李渊也在晋阳起兵，打着尊隋之名占领长安，迎立杨广之孙杨侑为新帝，遥尊杨广为太上皇。

杨广也知道自己大势已去，在江都行宫醉生梦死。有一日，杨广对着镜子感叹："好头颈，谁当斫之？"一个宫女向萧皇后求救，说："外面人人都想造反。"萧皇后让宫女去禀报杨广。

没想到这个宫女进去以后，却被杨广砍死了。宫中人人自危，再也无人敢说造反之事。

然而一场阴谋却在悄无声息地酝酿。守卫行宫的禁军多是关中人，见杨广整日醉生梦死，不想回去，心中都愤愤不平，他们推举宇文化及为首领，准备杀掉杨广，率军北归。

有宫人向萧后告密，说禁军想要谋反，而萧皇后却摇了摇头，说道："如今局势已不可挽回，何必再和陛下说呢？只会让陛下徒增烦恼罢了。"

公元618年3月的一天深夜，宇文化及带领禁军血洗江都行宫，勒死了杨广，萧皇后悲痛万分，带着宫女用木板将杨广收殓。

由于先帝皇后这一特殊身份，宇文化及强迫萧皇后下旨立杨广之侄、秦王杨浩为皇帝，自封为大丞相，带着大军浩浩荡荡地北上。

不久后，宇文化及一路兵败，最终被窦建德所杀。由于窦建德之妻十分悍妒，所以俘虏来的隋宫女眷都被安置在武强县。此时隋朝宗室的男丁基本已被屠杀殆尽，仅剩一个襁褓中的孙子杨政道。

隋朝的义成公主早年和亲突厥，听说母国灭亡，便让丈夫处罗可汗派人迎接萧皇后来突厥。公元620年，萧皇后带着杨政道和公主们去往东突厥。处罗可汗立杨政道为隋王，史称后隋，想打着尊奉隋朝的旗号插手中原战局。

然而随着处罗可汗突然去世，这一设想也就无从实现了。十年后，唐朝名将李靖消灭东突厥，杀死义成公主，将时年64岁的萧皇后和杨政道送回长安。时过境迁，中原的皇帝早已换成了李世民，他赐给萧皇后一座宅邸，以礼恩养，还给杨政道封了一个官职。

　　公元647年，萧皇后去世，享年81岁，李世民下旨以皇后之礼将她与隋炀帝合葬在扬州。

进军长安！说说大唐帝国的创立者李渊

隋朝末年，天下大乱，隋炀帝杨广不顾众人劝阻，强行离开东都洛阳，巡幸江都。临走前，他派代王杨侑留守长安、越王杨侗留守洛阳、唐国公李渊留守太原。

李渊，字叔德，出身陇西李氏，其祖父李虎是西魏八柱国之一，赐姓大野氏。李渊之父李昞早亡，李渊7岁时就袭封唐国公。因母亲独孤氏是隋朝文献皇后独孤伽罗的姐姐，所以他从小就得到独孤伽罗和隋文帝杨坚的喜爱，长大后在隋朝颇受重用。

李渊见隋朝即将灭亡，不愿再为杨广效力，派儿子李世民去招兵买马，准备起事。根据正史记载，李渊决心反隋是因为有儿子李世民的鼓动，但是根据《大唐创业起居注》记载，李渊早有异心，反隋完全是他自己的主意。

不论是不是儿子的鼓动，李渊最终还是在公元617年于晋阳起兵，历数皇帝杨广所犯的大错，打着尊奉代王杨侑之名，率三万甲士向长安进军。

当时杨广还在江都醉生梦死，而东都洛阳已被李密包围，隋军无暇西顾。李渊大军一路攻城拔寨，迅速壮大了队伍，等到达长安城下时，兵力已达二十万！

长安守军无力抵抗，很快就开城投降。李渊立 13 岁的代王杨侑为帝，自封为唐王，遥尊杨广为太上皇，控制了关中地区。

消息传到江都，杨广已经自暴自弃，不想再管北方的烂摊子。禁军多是关中人，思乡心切，见杨广不愿回去，便在公元 618 年发动了江都之变，勒死了杨广。

唐王李渊闻讯后，逼迫杨侑下诏禅让，登基称帝，定国号为大唐，改元武德。

当时各路军阀割据一方，洛阳有王世充自立称帝，凉州有李轨割据，河北有窦建德，江陵有萧铣等。面对这样一个局势，李渊和他的儿子们要如何扫灭群雄、一统天下呢？

在各方势力中，声势最为浩大的就是瓦岗军，然而由于邙山之战惨败于王世充，瓦岗军将领有不少被唐军吸收，后来都成为唐朝的开国名将。不过，为唐朝统一出力最多的自然非秦王李世民莫属。

李世民时年 19 岁，勇敢果断，胆识过人，喜欢结交英雄豪杰，非常有军事才能。他先后平定了薛仁杲、刘武周、窦建德、王世充、刘黑闼等割据势力，为唐朝统一天下立下了汗马功劳。

作为李渊的第二个儿子，他和大哥太子李建成的矛盾也越来越深。

作为父亲的李渊，明知两个儿子水火不容，却一直举棋不定，优柔寡断，导致两方矛盾进一步激化。

齐王李元吉也帮着大哥在父皇面前煽风点火，甚至鼓动李渊杀掉李世民。

这时东宫有人向李世民告密，太子和齐王想暗杀李世民。

李世民决定先下手为强，收买了禁军，在玄武门附近埋下伏兵。

三天后，李建成和李元吉进宫，李世民亲手用箭射杀了李建成，而李元吉想跑到李渊那里，却被尉迟敬德杀死。这就是历史上著名的"玄武门之变"。

事发前一天，李世民就向李渊告状说大哥淫乱后宫，李渊还不怎么相信。等到李建成死讯传来，李渊已经慌了神，他知道这一切都是李世民的阴谋。然而为时已晚，时年61岁的李渊只能立李世民为皇太子，并在不久之后退位当了太上皇。李渊生命中最后的九年时间里，与李世民的关系十分冷淡。

虽然李世民并未在物质待遇上亏待过李渊，然而玄武门之变就像一根刺横亘在父子两人的心里。公元635年，太上皇李渊驾崩，享年70岁，庙号高祖。

作为一位开国创业的帝王，李渊可谓十分低调，但他能够顺应时势，年过半百依然如年轻人一般雄姿英发，挥斥方遒，仅以一州之兵起事，就能让各路英豪纷纷归附，并最终建国立业，不能不说是中国创业史上的一个奇迹。立国后，他不仅对前朝旧臣提拔重用，还吸纳了山东、江南等地的士族，以弥补关陇集团武强文弱的短板。他在法律上取消了隋朝的严刑峻法，以宽大之令取而代之。他重视人才选拔，以创新式的分科考试，取代了隋朝时内部选拔的假科举，真正实现了以考试为决定因素的选材方式，这些举措，无一不为李世民的贞观盛世，打下坚实、稳定的基础。

李治，一个被武则天名气掩盖的皇帝

　　唐高宗李治，字为善，小名稚奴，出生于公元 628 年，是唐太宗李世民与长孙皇后的第三个儿子，排行第九。4 岁封晋王，9 岁母亲去世，和妹妹城阳公主一起被李世民亲自抚养。

　　如果不出意外的话，李治会在父皇的宠爱下，当一个无忧无虑的小王爷。然而李治的两个同母兄长可不是省油的灯。

　　太子李承乾和魏王李泰虽都是长孙皇后所生，但是兄弟二人关系非常紧张，甚至水火不容。

　　李泰对大哥的太子之位虎视眈眈，而李承乾则嫉妒父皇偏爱李泰。李承乾试图刺杀李泰失败之后，被贬为庶人。

　　而李泰也没有如愿以偿。李世民觉得以李泰的性格，日后当皇帝必然会迫害兄弟，于是将他赶到均州，转而立性情温良的李治为皇太子。

　　时年 16 岁的李治能担负起这个重任吗？根据史料记载，李世民在立李治为太子后，就开始培养他参与政务，每次上朝都让他在一边旁听。为了让儿子能坐稳皇位，李世民还给他留下了国舅长孙无忌、名臣褚遂良等人。然而这时一个女人的出现，给年轻的李治留下了挥之不去的印象。她就是武媚娘，也就是中国历史上唯一的女皇帝——武则天。

武媚娘是唐朝开国功臣武士彟的次女，比李治年长4岁。贞观十一年（637），李世民将她召入宫中，封为才人。但是很快她就被李世民忘在脑后，在后宫12年里默默无闻。李世民病重时，李治第一次见到武媚娘，由此对她念念不忘。

公元649年，李世民驾崩，武媚娘和其他没有生育的妃嫔一起入感业寺为尼。皇太子李治登基，改元永徽。登基初期，他对舅舅长孙无忌颇为倚重。在元老集团的辅佐下，李治在军事、政治上取得了很多成果，百姓生活安乐，史称"永徽之治"。然而李治并不想一直受元老集团的掣肘，他迫切需要建立自己的权威。

此时他又想起了武媚娘。在唐太宗驾崩一年后的永徽元年（650），李治去感业寺进香，与武媚娘再度相逢，两人感情迅速升温。当时王皇后与萧淑妃争宠，为了对付萧淑妃，王皇后就提议让武媚娘入宫，这正中李治下怀。

永徽二年（651），武媚娘再次入宫，此时她已怀有身孕，入宫后不久就生了李治的第四个儿子李弘，拜正二品昭仪。

对于李治冒天下之大不韪纳先帝才人进宫一事，长孙无忌从一开始就是不赞成的。但这毕竟只是皇帝的私事，即使贵为国舅，也不好多说什么。

次年，房遗爱和高阳公主夫妻谋反，想要推翻李治，拥立荆王李元景（唐高祖第六子）为帝，然而事情泄露，谋反失败。长孙无忌借机铲除异己，吴王李恪（唐太宗第三子）也无端躺枪。

当年李世民一度想立李恪为太子，长孙无忌强烈反对才让李世民放弃这个想法。如今借着这桩迷雾重重的谋反案，长孙无忌诛杀了李唐宗亲，房遗爱被斩首，荆王李元景、吴王李恪、高阳公主、巴陵公主被赐死。吴王李恪在临死前诅咒道："长孙无忌窃弄威权，构害良善，宗社有灵，当族灭不久！"竟一语成谶。

永徽五年（654），武媚娘又生下一女，但是这个孩子出生后没多久就离奇死亡，武媚娘借机大做文章，把矛头指向了王皇后。李治想废掉原配王皇后，改立武媚娘为后，使得长孙无忌感到巨大的危机。

当时坊间盛传是武媚娘掐死了亲女儿，借机嫁祸王皇后，虽然没有实据，但是武媚娘借题发挥，想夺取后位的野心已是举朝皆知。长孙无忌意识到这个女人非常危险，所以极力反对李治废后，就算王皇后真有什么过错，也应该另择名门贵女，而不是立先皇的才人为后。

可长孙无忌他们越是反对，李治越是要立武媚娘为后，想要借此树立自己的权威，不久，王皇后和萧淑妃又被"发现"使用巫蛊之术，李治下旨将王皇后和萧淑妃贬为庶人，打入冷宫，但是立武媚娘为后仍是阻力重重。

双方僵持不下。这时候英国公李勣的一句话给李治吃下了定心丸。李勣说道："此陛下家事，何必问外人！"

永徽六年（655），李治立武昭仪为皇后，同时提拔李义府、许敬宗等人，将长孙无忌、褚遂良他们赶出了京城。随着元老集团的失势，武后的权力越来越大，再加上李治有风疾，时常头晕目眩，所以只能让武后帮忙处理朝政。李义府和许敬宗等人都以武后马首是瞻。在武后的授意下，长孙无忌被诬谋反而死，王皇后和萧淑妃的亲族被流放岭南，武后大肆打压异己、培植亲信的做法，使李治对武后日渐不满。

麟德元年（664），李治试图废后，让上官仪拟定诏书，没想到李治身边的宫人居然向武后告密。诏书还没写完，武后就找上门来，李治感到羞愧不安，将责任全推给了上官仪。武后借机指使许敬宗罗织罪名，将上官仪下狱处死。和上官仪一起倒霉的还有诸多大臣，甚至还有李治的庶长子李忠。

至此，李治已经无法改变武后掌权的现实。他默许武后与自己二圣临朝，天下大权，悉归中宫。

四年后，李勣灭高句丽，拔平壤城，自隋文帝起困扰了四代皇帝的心腹大患，终于在李治这一朝彻底解决。至此，唐朝的版图已达到巅峰：东起朝鲜半岛，西临咸海，北包贝加尔湖，南至越南横山，总面积达一千两百多万平方公里。

李治在位期间，社会经济持续发展，改革了科举制度，颁定了《唐律疏议》，文治武功都颇有成就，虽不如父皇唐太宗，但也算得上是一代明君。然而由于武后长期执政，打压异己，导致李唐皇权逐渐向武氏手中转移，李治的默许，使得后世史官对他多有贬低。欧阳修更是毫不掩饰地在《新唐书》中讽刺李治是昏君。

李治并不是没有意识到武后的威胁，但是出于身体原因，加上朝中大臣反对武后的人都被清除干净，剩下的人都已默许了二圣临朝的事实，他再想废后，已是不可能了。在这种情况下，李治把希望寄托于他和武后生的长子李弘身上。

李弘仁孝厚道，从小就得到父母的悉心培养，李治多次让他监国，期望他能分走武后的权力。然而李弘体弱多病，在上元二年（675）病逝。李治非常伤心，追封李弘为皇帝，继立他和武后所生的第二子李贤为太子。

李贤容止端庄，从小就很得李治的喜爱，但是他非常不满母后专权，因而母子二人关系非常紧张。武后对李贤颇为严厉，经常赐书训诫李贤。坊间传闻李贤并非武后亲生，而是韩国夫人所生。李贤深感疑虑。

有一次，武后找术士明崇俨给三个皇子看相，明崇俨说太子李贤不德，望之不似人君。反倒是李显长得像唐太宗，而李旦更是贵不可言。言外之意，就是李显和李旦都比太子更适合当皇帝。

说者未必无意，听者却是有心。有好事之人将明崇俨的这番话告诉了李贤，还说武后时常私会明崇俨，要通过厌胜诅咒李贤，李贤听后更加怨恨武后，甚至对明崇俨起了杀心。不久，明崇俨离奇身亡，武后怀疑是李贤所为，一直派人暗中追查。

公元680年，有朝臣出来揭发李贤和近侍赵道生有染，武后派人将赵道生抓了起来。在酷吏严刑拷打之下，赵道生承认太子派人暗杀明崇俨，还密谋造反。武后派人在东宫马房里搜出数百具铠甲。

人证、物证俱在，可是李治并不相信李贤会谋反，他想要宽宥儿子，却被武后阻拦，武后说："为人子怀逆谋，天地所不容；大义灭亲，何可赦也！"强行将李贤贬为庶人，流放到巴州。

李贤就这样被废了，被流放到巴州。李治只好循序再立李显为皇太子。李显远没有两个哥哥的才能，对母亲也是言听计从。

李治担心自己死后，儿子很可能坐不稳皇位，于是便找来宰相裴炎等人辅佐太子，带着对李唐国祚的忧虑，李治驾崩了，终年 56 岁，庙号高宗，葬于乾陵。

宛委山倾：巾帼宰相的坎坷命运

　　上官婉儿出生于公元 664 年，祖父上官仪是唐高宗朝的宰相，也是当时著名的宫廷诗人，开创了绮错婉媚的上官体诗风。

　　若是不出意外的话，上官婉儿长大后会是一位才女，写下动人诗篇，还会和一个门当户对的高门贵族子弟成婚，幸福地过完一生。然而在她 5 岁时，一个女人的出现彻底改变了她的一生，这个女人就是当时的皇后武媚娘，也是日后大名鼎鼎的女皇武则天。

　　唐高宗李治患有风疾，时常头晕目眩，只好让武后帮忙处理朝政。然而武后借机打压异己、培植亲信，引起李治的强烈不满，于是他找来上官仪准备废后。

　　可是李治身边的太监宫女早都被武后买通了。李治这边刚找上官仪写废后诏书，武后那边就收到了消息。

　　武后赶来找李治诉苦，竟让李治感到羞愧不安，夫妻二人握手言和，上官仪却成了替罪羊。

　　武则天的宠臣许敬宗诬陷上官仪谋反，上官仪和儿子被处死，家产抄没，女眷被发配掖庭为奴。

　　唐朝的掖庭是宫女和无宠嫔妃的居住地，其中不乏像上官婉儿这样出身高贵的女子。

这些女子大多只能终身在深宫中洒扫缝补，没有自由，缺衣少食，无声无息地过完一生。

即使在这样的艰苦条件下，上官婉儿的母亲郑氏也没有放弃希望，教女儿学习诗文，希望有朝一日能让女儿走出这座牢笼。

上官婉儿14岁那一年，武则天下旨选拔女官，上官婉儿凭借一手好文章，在一众宫女中脱颖而出，脱离了奴婢身份，受封为才人，成为唐高宗名义上的嫔妃，同时也是天后武则天身边的红人。

那么武则天为何要提拔上官仪的孙女为才人呢？

武则天掌权时，朝廷的奏章大多需要武则天处理。为此，武则天提拔了一批有才能的女子协助自己处理政务。作为上官仪的孙女，上官婉儿聪慧善文，文风绮错婉媚，而且又很会讨武则天的欢心，和武则天的女儿太平公主也有不错的交情。

等到武则天登基后，上官婉儿就成了名副其实的巾帼宰相，诏书起草、群臣奏章多由她参与决断，是当时政坛上举足轻重的人物。

然而在武则天身边工作并不是一件容易的事。有一次上官婉儿因为忤旨被判了死刑，武则天爱惜她的才华，处以黥面之刑。上官婉儿自此更加用心侍奉武则天，同时和皇太子李显一家也有着不错的关系。

公元705年，宰相张柬之等人逼迫武则天退位，拥戴皇太子李显复位，史称"神龙政变"。作为武则天身边的红人，上官婉儿会如何站队呢？虽然史书上没有记载上官婉儿对神龙政变的态度如何，但是李显对母后身边的这位巾帼宰相显然是印象不错的。

李显复位以后，册封上官婉儿为正二品昭容，继续掌管宫中制诰，还下旨为上官仪平反。

没过多久，李显又破天荒地让她执掌翰林院，还开了昭文馆，广召天下才子赐宴游乐，赋诗唱和，让上官婉儿来品评天下诗文。凡被她列为第一者，李显必定会毫不吝惜地重赏，她还常常代替李显和韦皇后以及安乐公主赋诗，每次都是数首并作，不仅文采绮丽，还各有特色。她的诗不仅继承了六朝山水田园诗的清丽之风，还在题材方面突破了以往写景状物的宫廷诗歌形式，无论在韵律上，还是诗中流露出的自然神韵，都堪称盛唐山水田园诗派的奠基之作，因此，"上官体"也成了当时上流社会的创作主流，一时间，朝堂内外，吟诗作赋，靡然成风。除了文学以外，上官婉儿在军国大事上也有很大的影响力，李显往往要听取她的意见，才能做出决断。

因而朝臣为了求得升官晋爵，都争先恐后地去讨好上官婉儿。

但是这样的日子仅仅过了五年，上官婉儿就又要面临一次站队了，然而这一次她失败了。

公元710年，李显突然暴毙，韦皇后立李显的庶子李重茂为帝，想要效仿武则天。然而太平公主和李隆基联手发动了政变，铲除了韦后一党。

在李隆基率军冲进皇宫时，上官婉儿知道韦后大势已去，就带领宫人迎接李隆基，还拿出一封诏书，上面写着要让李隆基的父亲李旦辅政。

然而为时已晚，李隆基对上官婉儿这种左右逢源的态度非常不满，下令将上官婉儿斩首祭旗。一代才女香消玉殒，终年47岁。太平公主非常伤心，为她操办了后事。

　　在本篇最后，让我们用上官婉儿的墓志铭中的几句来总结她的一生——"潇湘水断，宛委山倾，珠沉圆折，玉碎连城。甫瞻松槚，静听坟茔，千年万岁，椒花颂声。"

杨玉环的爱情传说与历史真相

　　盛极一时的大唐因为安史之乱戛然而止，而杨贵妃在其中所扮演的角色让后世争论不已。

　　有人哀叹她和唐玄宗的爱情悲剧，有人指责她是红颜祸水。古往今来，无数文人墨客都为杨贵妃写过诗词，赞美她的容颜、才艺，哀叹她的命运。现在抛开这些文学滤镜，让我们一起走进杨贵妃的一生。

　　杨玉环，蒲州永乐（今山西永济）人，从小在四川生活，在父亲去世后被寄养在洛阳叔父家中。17岁那年被选为王妃，嫁给了唐玄宗李隆基第十八子寿王李瑁。

　　寿王李瑁的母亲武惠妃是李隆基的宠妃，与太子李瑛、鄂王李瑶、光王李琚不和，这三人的母亲都是因为武惠妃得宠而失宠的。

　　武惠妃担心这三人会对自己和寿王不利，便在李林甫的鼓动下，在皇帝面前诬陷太子李瑛和鄂王李瑶、光王李琚谋反。

　　唐朝自立国以来，皇室内斗就十分激烈，且不说著名的玄武门之变，单说李隆基自己就参与了唐隆政变，诛杀韦后一党，又在与姑姑太平公主的政争中取得胜利，坐稳了皇位。

因此李隆基对政变谋反之事非常敏感，他本就不喜欢太子，见太子身穿甲胄入宫，就相信了武惠妃的说法，将三个儿子贬为庶人，秘密赐死。

自此以后，武惠妃每天都能看见太子的鬼魂，竟活活把自己给吓死了！

武惠妃死后，李隆基感到非常空虚寂寞，自己虽有后宫佳丽无数，但是没有一个能像武惠妃那样性格乖巧，善于逢迎。

这时候身为武惠妃儿媳妇的杨玉环走进了他的视野。

她不仅年轻貌美，而且精通音律，擅长歌舞。李隆基对她非常着迷，竟想冒天下大不韪，将她纳入后宫。

然而杨玉环毕竟是李隆基的儿媳妇，若是直接娶进宫里，说出去不太好听。于是李隆基下旨度寿王妃为女道士，号曰太真，又称杨太真。

公元745年，时年27岁的杨玉环正式被唐玄宗册封为贵妃，她的前夫寿王李瑁另娶韦昭训之女为妻。在册封之日，宫廷乐师奏响了玄宗新谱的《霓裳羽衣曲》。

"回眸一笑百媚生，六宫粉黛无颜色。"白居易这首《长恨歌》生动再现了杨贵妃得宠时的盛况。

杨玉环虽名为贵妃，但日常礼仪皆视同于皇后，至于实际物质待遇，只怕历代皇后都罕有匹敌。

无论金银珠宝，还是游玩赏乐，唐玄宗都从不吝惜，一定要给杨贵妃最好的。他曾对宫人说过："朕得杨贵妃，如得至宝也！"

杨贵妃喜欢吃荔枝，唐玄宗就派人从岭南快马加鞭，将荔枝运送到长安。"一骑红尘妃子笑，无人知是荔枝来。"

杨贵妃的亲人也由此一步登天。三个姐姐都被封为国夫人，兄弟都得到高官厚禄，还娶了当朝公主。想要巴结杨家的文武大臣更是不计其数，其中有一个武将另辟蹊径，竟认杨贵妃当义母，要知道此人可比杨贵妃足足大了17岁。唐玄宗非但没觉得怪异，反而觉得很高兴，还让杨贵妃的兄弟姐妹们都与他结拜。

从最后的结果来看，无论李隆基，还是杨玉环，都会为自己的信任后悔的。因为此人就是安禄山！

安禄山，本名轧荦山，出身低微，没有姓氏，母亲阿史德氏是突厥巫师，后来带着儿子改嫁给一个叫安延偃的人。开元初年，安禄山逃离突厥，冒姓为安。开元二十年（732），安禄山被幽州节度使张守珪收为义子，凭借着骁勇善战很快崭露头角，兼任平卢、范阳（幽州）两镇节度使。

为了得到更高的地位，安禄山主动与杨家结交，百般讨好杨贵妃，而杨贵妃却浑然不知道这个三百斤的大胖子将会亲手埋葬盛唐。

此时的杨贵妃是风头正盛之时，她每天都和唐玄宗一起在梨园排演乐舞。杨贵妃极为擅长乐器歌舞，就连宫里最资深的乐师都对贵妃赞叹不已。

有一次，杨贵妃不知因为什么事惹怒了唐玄宗，被赶出宫门。没想到，唐玄宗离了杨贵妃就茶不思饭不想。大太监高力士赶忙劝和，给杨贵妃送了一百车的礼物，请她回宫。杨贵妃也主动认错，给了唐玄宗一个台阶，两人依然恩爱如初。

没过几年，杨贵妃又因为忤旨被唐玄宗赶出后宫，杨贵妃剪下一绺青丝托人送给李隆基，李隆基连忙派人把贵妃接了回来。

杨贵妃知道皇帝离不开自己，杨家人从此更加显赫："姊妹弟兄皆列土，可怜光彩生门户。遂令天下父母心，不重生男重生女。"杨玉环的兄弟姐妹都与当朝贵戚联姻，每次出行声势浩大："九重城阙烟尘生，千乘万骑西南行。翠华摇摇行复止，西出都门百余里。"后世史官指责杨玉环红颜祸水的一个原因就是杨贵妃家族借着裙带关系一步登天，肆意妄为，其中尤以杨国忠为甚。

公元 745 年，剑南节度使章仇兼琼因与宰相李林甫不和，想要结交炙手可热的杨贵妃家族，但是苦无门路。

蜀中富户鲜于仲通趁机向章仇兼琼推荐了心腹杨钊。此人本是市井无赖，但却和杨贵妃是血缘很远的堂亲，章仇兼琼见杨钊身材高大、能说会道，便派他去长安进贡，顺便和杨家攀上关系。谁也想不到，一个无赖混混竟能从此走上权力巅峰。

杨钊进京后，将节度使进贡给朝廷的东西全都分给了杨玉环的三个姐姐，其中三姐虢国夫人最得唐玄宗宠幸，杨钊就竭力讨好她，把她哄得开开心心的。没过多久，虢国夫人就向唐玄宗引荐了杨钊，让他在皇帝面前露了脸。

除了裙带关系以外，杨钊还极力巴结宰相李林甫，甚至还帮李林甫排挤太子李亨，罗织罪名。其实杨钊也并不是只会投机钻营、钩心斗角之人，他早年混迹赌场，十分擅长计算，在帮唐玄宗算账时分文不差，唐玄宗非常高兴，就将他升为度支员外郎，掌管钱谷之事，不到一年又让他身兼十五个使官，成为朝中重臣。唐玄宗还给杨钊赐了一个新名字——杨国忠。在宰相李林甫去世后，又让他接任右相。

然而杨国忠和节度使安禄山极度不和，两人的关系甚至到了剑拔弩张的程度。

安禄山也是靠巴结杨贵妃获得唐玄宗宠信的，但是他的野心可不止于荣华富贵。安禄山身兼三镇节度使，实力颇为强大。刚当上右相的杨国忠将他视为心腹大患，而安禄山对李林甫尚有敬畏之心，对杨国忠这种靠裙带关系上位的人则是非常看不起。

杨国忠见安禄山不把自己放在眼里，就天天在皇帝面前告状说安禄山想造反。唐玄宗认为两人只是单纯的不和，所以没有放在心上。杨国忠一计不成，又生一计，劝皇帝召安禄山入朝，试探他有无反心。

没想到杨贵妃竟给安禄山通风报信，安禄山进京后在李隆基面前痛哭流涕，诉说自己一片赤诚。

唐玄宗信以为真，就要拜安禄山为宰相，这下杨国忠可不愿意了，连忙劝玄宗放弃这个任命。

自此之后，安禄山和杨国忠的矛盾更加尖锐。

公元 755 年，安禄山以讨伐杨国忠之名，同部将史思明起兵造反，迅速席卷中原，唐军一败再败，唐玄宗迫不得已，只能带着一部分宗室朝臣逃往蜀地。

大唐由盛转衰，后世将这场大乱称为"安史之乱"。它给承平日久的大唐带来了前所未有的冲击，无数百姓死于战乱，流离失所。

然而即使到了这个地步，惹出滔天大祸的杨国忠仍然作威作福。在途经马嵬驿时，由于天气炎热，士兵又行军多日，又累又热，苦不堪言。太子李亨和陈玄礼索性就鼓动将士杀掉杨国忠，给天下做出一个交代。众将士纷纷附和，不仅把杨国忠乱刀砍死，还逼迫唐玄宗杀了杨贵妃。

李隆基迫不得已，只好赐白绫一条，让杨玉环自尽。一代美人香消玉殒，终年 38 岁。

安史之乱持续八年之久，直到李隆基之孙李豫在位时才彻底平定。然而河朔藩镇也在平乱过程中相继崛起，朝廷无力发号施令，同时宦官干政问题也在内宫愈演愈烈。

唐宪宗年间，大诗人白居易感慨于唐明皇与杨玉环的爱情悲剧，写下了著名的《长恨歌》，在结尾处写道："七月七日长生殿，夜半无人私语时。在天愿作比翼鸟，在地愿为连理枝。天长地久有时尽，此恨绵绵无绝期。"

唐玄宗晚年境况凄凉，身边的亲信都被儿子赶走。不知他在午夜梦回之时，是否真的如《长恨歌》所写的那般，想起他与杨贵妃所立下的海誓山盟呢？

诗仙环游大唐

李白，字太白，号青莲居士，出生于公元 701 年。出生地和家世都有争议，一说是李唐宗室后人，客居在蜀地。

李白少年时就喜欢剑术，喜欢交游，轻财重施，而且在诗赋上极有天分。益州长史曾感叹："这孩子才智超群，若是勤奋学习，堪比司马相如。"

司马相如是四川人，汉朝最著名的文学家之一，巴蜀文学的开创者。李白本人对司马相如十分尊敬，将这位前辈视为学习和超越的对象。

青年时代的李白一直隐居在蜀地读书，24 岁时离开家乡，仗剑去国，辞亲远游，从此再也没有回过四川。"蜀道之难，难于上青天"，然而比蜀道更难的，却是无常的命运。27 岁时，李白迎娶了宰相许圉师的孙女许氏为妻，定居在安陆，还结识了孟浩然。

这时正是唐玄宗开元年间，大唐最强盛的时代。经过前面几代皇帝的积累，到了唐玄宗在位前期，社会经济空前繁荣，人口大幅增长，史称"开元盛世"。

作为盛唐的见证者，李白于公元730年来到长安，拜谒宰相张说，希望能得到他的引荐进入仕途。那么李白为何不去参加科举呢？虽然史书上没有记载，但是我们也可以试着寻找一下原因。

在唐朝中前期，科举录取人数较少，而且地位也相对较低。除此之外，李白的家世背景比较模糊，史书上记载不一，甚至都没有谱牒，这在当时是不符合参加科举条件的。因此李白选择通过高官举荐入仕。

然而李白生性狂傲，虽然才华举世无双，却总遭小人妒忌。早在安陆时，他就曾谒见本州的长史，却因遭人诽谤，最终被拒之门外。

李白在长安时，寓居于玉真公主的别馆。玉真公主是唐玄宗的胞妹，早年修仙入道，时常召集文人、道士宴饮作乐。李白也是其中之一，他为公主写了一首诗，盛赞公主的仙风道骨。坊间传闻李白与玉真公主有过一段情史，但是从后面的结果来看，这时的李白和玉真公主恐怕并没有什么深厚的交情。

李白在长安待了一年左右，生活困顿，于是就离开长安，回到了安陆，每日以耕种、读书为生，闲暇时也会出游，结交了一些好友。

40岁时，李白的原配许夫人去世，李白移居鲁地，与好友韩准、裴政等人隐居在徂莱山，纵酒酣歌，号称"竹溪六逸"。

不久，李白的命运又一次发生改变，他得到好友举荐，被唐玄宗召入长安，供职于翰林院。

李白觉得这次自己能大展宏图，然而唐玄宗召他进京并不是真的爱才，只是想用李白的诗句来标榜自己的盛世罢了。

久而久之，李白对这种御用文人的生活感到无趣，整日饮酒作乐，与贺知章等人结成了"酒中八仙"。

"李白一斗诗百篇，长安市上酒家眠。天子呼来不上船，自称臣是酒中仙。"杜甫的这首名作就是李白在长安时的生动写照。

不过这时的李白还没有认识杜甫，诗圣与诗仙的相遇还要等些年。

有一日，唐玄宗召李白作乐词。李白正在醉酒之中，洋洋洒洒写了十几章，还让大宦官高力士为自己脱靴。

由于李白太过狂傲，因而招来小人的嫉恨，他们在唐玄宗面前攻讦李白，使得唐玄宗对李白越来越疏远。

李白知道自己终究不会得到重用，便离开了长安，在洛阳结识了杜甫。两人一见如故，成为至交，一起同游梁宋。

这时的李白已经44岁了，人生已经过去了三分之二，他已经见识到了盛唐光辉艳丽的景象，然而在这盛景之下，其实潜藏着各种危机。一旦有人砸碎这个幻象，那么盛世锦袍下的虱子，将会现出原形。

公元755年，安史之乱爆发。没过几个月，叛军就攻陷长安，唐玄宗被迫南逃至蜀地。皇太子李亨在灵武自行登基称帝，史称唐肃宗。唐朝自此由盛转衰。

当时在金陵游历的李白听说中原大乱，连忙去接家人南下避难，隐居于庐山之中。唐玄宗第十六子永王李璘听说了李白的才名，便召李白入幕府。李白本不想掺和这个乱摊子，但是永王连下几次聘书，最终还是将李白收入麾下。

永王李璘手握四道兵马，野心勃勃，率领水军东巡，直奔扬州而去，被唐肃宗以谋反的罪名围剿。

李白也跟着倒了霉，被抓入狱。李白的第二任妻子宗夫人为他四处奔走，经过御史中丞宋若思说情，才得以获释。宋若思要推荐李白入朝为官，没想到唐肃宗非常忌恨永王李璘，将参加过永王幕府的李白流放到夜郎。

李白开始了他人生中的最后一次旅行。从公元759年到公元762年，李白人生中最后三年四处流浪，从湖南、湖北，再到江西、江苏、安徽，最终在当涂病逝，享年62岁。

宦官与藩镇：中晚唐的无奈与悲哀

随着安史之乱的爆发与平定，河朔藩镇相继崛起，割据华北，而在长安的大明宫中，宦官的地位扶摇直上，皇位更替竟要宦官来做主。在与宦官和藩镇的斗争之中，盛极一时的大唐走向了衰亡。

公元 756 年，皇太子李亨在灵武登基，是为唐肃宗，遥尊唐玄宗为太上皇，对亲信太监李辅国大加赏赐，让他执掌兵权，监察百官。从此，宦官这一群体登上了中晚唐政治舞台的中央。李亨性格懦弱，对李辅国言听计从。文武大臣想要见皇帝一面，都要先征得李辅国的同意。就连太上皇李隆基，都被李辅国欺压。

李辅国能如此嚣张，除了有兵有权外，还因为和张皇后狼狈为奸。两人合谋害死了李亨的小儿子建宁王。太子李豫心有戚戚，对李辅国敢怒不敢言。不过李豫毕竟年轻，李亨又体弱多病，总有一天李豫会当上皇帝的，到时候张皇后和李辅国还能这样嚣张吗？

公元 762 年，李亨病重，张皇后想废掉李豫，另立宗室为帝。李辅国不仅没有帮助张皇后，还转投到李豫这里，帮助李豫废掉了张皇后。他想以拥立之功，换得李豫信任，继续手握大权。那么李豫甘愿接受李辅国的摆布吗？

李豫登基后尊称李辅国为尚父，朝政大事处处都要找他商量。李辅国得意扬扬，放松了警惕。不久之后，李豫派人深夜潜进李辅国家中，趁李辅国熟睡之际了结了他。一代权宦就此落幕，可是由他而始的宦官专权远远没有结束。

李辅国死后，李豫提拔宦官鱼朝恩参与朝政，没想到鱼朝恩也不比李辅国好多少，别说文武大臣，就连皇帝李豫他都不放在眼里。李豫深感后悔，联合宰相元载杀掉了鱼朝恩。

这时宦官的权力已经很大了，但是皇帝还能铲除他们，等到李豫的儿子李适登基后，宦官的权力又进一步提升，莫说宰相，就是皇帝也不能遏制他们了！唐德宗李适也知道宦官乱政的危害，所以登基初期他还是重能臣，贬斥宦官。但是没过几年，他就发现还是宦官信得过啊！

公元 783 年，泾原节度使姚令言带着五千士兵到长安讨赏，没想到一无所获。皇帝不愿给，那就只能动手拿了。众将士在长安大闹一场，到处劫掠，唐德宗李适吓得连忙逃出长安，但是身边却连一个侍卫都没有，只有宦官们忠心耿耿地陪在李适身边。自此以后，李适也像他的父祖那样重用宦官，生死关头，还是家奴最可靠啊！

就这样，宦官的权力越来越大，他们虽忠于大唐皇帝，但却能决定谁来当这个皇帝，若是皇帝不愿听他们的，他们就可以换个皇帝。比如李适的儿子李诵（唐顺宗）登基后，重用王叔文、刘禹锡、柳宗元等人变法，但是因为触动了宦官和藩镇的利益，被大太监俱文珍胁迫，把皇位让给了儿子李纯（唐宪宗），没过多久就离奇死亡了。

李纯当上皇帝后，继续重用宦官，还让他们带兵出征。有大臣劝李纯小心宦官权力过大，李纯却不以为然地说："他们不过是家奴，不管给他们多大的权力，朕要除掉他们还是轻而易举的。"然而宦官的权势之大，朝野上下有目共睹，就连后宫的郭贵妃也特意拉拢他们，帮助自己的儿子李恒顺利登基。

公元820年，李纯驾崩，宦官拥立李恒登基。李恒沉迷丹药，年仅30岁就驾崩了，他的长子李湛又被宦官刘克明所杀，皇位由此传到了李昂这里。

李昂想改变宦官专政的现状，准备联合朝臣诛杀宦官，没想到却把这些大臣送上了死路。公元835年，李昂以观露之名，想把大宦官仇士良骗到左金吾仗院斩杀。没想到仇士良察觉到不对，连忙跑路，还挟持了皇帝李昂。

朝臣们投鼠忌器，乱成一团。仇士良派神策军把这些人杀了个一干二净，史称"甘露之变"。唐文宗李昂经此大乱，抑郁成疾，仇士良索性就废掉李昂的儿子，改立李昂的弟弟李炎为帝，是为唐武宗。

唐武宗登基后，找来宰相李德裕牵制仇士良。仇士良鼓动禁军哗变未成，自知唐武宗并非庸懦之辈，害怕自己会被清算，于是就灰溜溜地辞官回家了。李德裕是唐朝后期最著名的宰相之一，在他的辅佐下，唐武宗革除积弊，发展经济，打压宦官、藩镇、僧侣势力，唐朝一度出现中兴局面，史称"会昌中兴"。然而唐武宗李炎喜欢吃丹药，33年岁就驾崩了。宦官马元贽拥立唐武宗的十三叔李忱为帝，是为唐宣宗。

唐宣宗李忱继位后，虽然也在打压宦官势力，但是宦官仍然有着相当的影响力。

公元859年，唐宣宗驾崩，宦官王宗实拥立唐宣宗的长子李漼继位，是为唐懿宗。不知不觉间，这已经是唐朝第十八位皇帝了，盛唐风华早已是明日黄花，宦官、藩镇两大势力成为唐朝皇帝们的梦魇，最终一起走向衰亡。懿宗时期政治败坏，宦官们已经无法无天，就连皇帝也不能控制了。

公元873年，唐懿宗驾崩，大太监田令孜立唐懿宗第五子李儇为皇太子，是为唐僖宗。

没过几年，就爆发了"黄巢之乱"，唐朝元气大伤。正如安史之乱使河朔藩镇崛起那般，黄巢之乱除了重挫李唐皇室外，也让朱温、李克用等新一代藩镇势力崛起，而专权一百余年的宦官终于走到了谢幕之时。

公元888年，唐僖宗李儇去世，大太监田令孜拥立李儇之弟李晔为皇帝，李晔是唐朝倒数第二位皇帝。

十五年后，朱温带军冲进长安皇宫，将七百宦官血洗一空，自此，困扰了唐朝一百四十多年的宦官专政问题彻底解决，然而唐昭宗也成了朱温的傀儡，次年即被朱温所杀。

唐昭宗的儿子李柷成为大唐王朝最后一位皇帝，在公元907年被迫下诏禅位给朱温。唐朝宣告灭亡，中国历史进入到群雄争霸的五代十国时期！

第六章

五代两宋：

文武君臣的命运与选择

天子，兵强马壮者为之！在唐朝灭亡之后，中国又一次走向了分裂，短短五十余年，先后出了五十六位皇帝，政权更迭如家常便饭。谁能在这场皇帝"吃鸡大赛"中脱颖而出？

赵匡胤建立的宋朝为何没有重蹈覆辙？如何变乱为治？宋朝的璀璨文化又是如何炼成的？"先天下之忧而忧，后天下之乐而乐。"千古名篇《岳阳楼记》是如何写成的？在两宋之交、国破家亡之际，李清照又会面临什么命运？宋朝灭亡之后，文天祥又是如何为宋朝写下最后的挽歌的？

本章我们将一起走进五代和两宋，一起走进那个风起云涌的时代。

五代十国：天子，兵强马壮者为之！

黄巢之乱的爆发，为李唐王朝敲响了最后的丧钟。朱温、李克用等人相继崛起，拉开了五代争霸的序幕。与此同时，杨行密、王建也来到南方，开启了十国割据时代。

朱温出身贫寒，后来加入了黄巢叛军，成为黄巢手下的大将。他见黄巢不成能事，就归降了唐朝。

当时逃到四川的唐僖宗已是焦头烂额，根本顾不上朱温是不是诚心归降，直接把开封封给了他，还赐名全忠，希望他能为大唐尽忠。但是从最后的结果来看，这个名字简直是一个天大的讽刺。

朱全忠在讨伐黄巢的过程中迅速壮大了实力，成为当时实力最强大的藩镇之一。此外还有河东节度使李克用、凤翔陇右节度使李茂贞实力也很强劲。他们之间互相征伐，攻城略地，根本不把皇帝放在眼里。公元903年，朱温带军冲进长安皇宫，杀掉七百宦官，将唐昭宗彻底变成了自己的傀儡，还把首都迁到了洛阳。

不久，他又担心唐昭宗会联络其他藩镇讨伐自己，于是就杀了昭宗，立小皇子李柷为帝。

为了彻底扫清自己篡位的障碍，朱温将朝中的士族官员清洗一空，抛尸到黄河里，史称"白马驿之祸"。

高门士族彻底退出了历史舞台，再也无法对皇权产生任何影响。天子，兵强马壮者为之！

公元907年，唐哀宗李柷下诏禅位给朱温，唐朝宣告灭亡。朱温登基建梁，改元开平，定开封为东都，洛阳为西都，史称后梁。

此时后梁实控领土仅有河南之地，南方的南汉、马楚、吴越、闽国、南平仅在名义上向后梁臣服，而四川的王建则自行建立了前蜀，江淮的杨行密仍以大唐吴王自居，拒绝向后梁臣服。

在北方，实力最强大的两大藩镇晋王李克用、岐王李茂贞依然奉唐为正统，打着为唐帝报仇的名义讨伐朱温。

朱温气不打一处来，唐朝还在的时候，你们也没多尊敬唐帝，等到唐朝亡了，一个个全成了大唐忠臣了！

公元908年，李克用病逝，长子李存勖继承晋王之位。李存勖骁勇善战，长于谋略，刚继位就在潞州之战中让朱温大败而归。

朱温感叹道："生子当如李亚子，克用为不亡矣。至于吾儿，豚犬矣！"

时年57岁的朱温已经认识到在自己有生之年是难以统一北方了，因此他把目光放在了自己儿子身上。

当时军阀们都有收养义子的习惯。李克用有十一个亲子，十三个义子，号称十三太保；朱温则有八个亲子，五个义子。

朱温最喜欢的是义子朱友文，以及朱友文的妻子王氏。坊间传闻朱温与儿媳们有染。

朱温病重时想要传位给朱友文，但是这个秘密被儿媳张氏告诉了丈夫朱友珪，也是朱温最年长的亲生儿子。

朱友珪知道父亲不想传位给自己后非常愤怒，带兵冲进宫中弑父登基，还矫诏赐死了朱友文。

然而朱友珪登基后荒淫无度，宗室、武将都不服他。朱温另一个亲生儿子均王朱友贞趁机发动政变，登基称帝。经过这场内讧之后，后梁元气大伤，而西面的李存勖实力却在不断壮大。

公元 923 年，晋王李存勖称帝，定国号为唐，五代进入第二代——后唐。

值得一提的是，虽然后世史书认为后唐是接替后梁的政权，但是在当时，后唐还标榜自己是唐朝的合法继承人，不承认后梁。

同年后唐攻占开封，灭掉了后梁，随后又吞并了李茂贞的岐国、消灭了四川的前蜀，使后唐疆域达到鼎盛。

但李存勖志得意满，不思进取，整日与伶人混在一起，还给自己起了个艺名"李天下"。打了一辈子仗，难道还不能享受享受吗？然而在强藩林立的五代，这是真的享受不了啊！

公元 926 年，42 岁的李存勖死于兴教门之变，义弟李嗣源平乱继位。后唐元气大伤。李嗣源虽然在登基前期还算得上是个明君，但是后期朝政混乱，大将孟知祥趁着后唐内乱，割据四川建立了后蜀。

公元 934 年，李嗣源驾崩，临终前命第三子李从厚即位。不久，李嗣源的义子李从珂也仿照义父起兵造反，废掉了李从厚，成为后唐第四任皇帝，也是最后一任皇帝。李从珂十分猜忌妹夫石敬瑭，石敬瑭索性起兵造反，但是由于自身实力不足，被后唐军队围困在太原。

石敬瑭为了当皇帝，竟派人去联络契丹，称自己愿意割让燕云十六州，当契丹的儿皇帝。

契丹皇帝耶律德光大喜，率军南下支援石敬瑭，灭掉了后唐，得到了河北和山西北部的大片土地，中原王朝自此无险可守。

公元936年，契丹皇帝耶律德光册封石敬瑭为晋国皇帝，中国进入五代十国中的第三代——后晋。

次年，杨吴的实际统治者徐知诰（李昪）篡位称帝，改国号为齐，不久又改为唐，史称南唐，是十国政权中的第九个政权。在随后的十几年中，南唐相继消灭了闽国、马楚，成为南方最强大的割据政权。值得一提的是，在皇帝中写得一手好诗的南唐后主李煜就是徐知诰的孙子。

而中原的后晋直接沦为了契丹的傀儡，石敬瑭对比自己小10岁的皇帝耶律德光百依百顺，恭敬有加。后晋诸将指责他卖国求荣，纷纷起兵反叛。

石敬瑭无力削平叛乱，在忧郁不安中去世，终年51岁。石敬瑭病危之时，曾托付宰相冯道辅佐幼子石重睿继位，但是石重睿只有4岁，于是冯道便和禁军一起拥立石敬瑭的侄子石重贵登基。

石重贵登基后想摆脱对辽国的依附地位，在大臣景延广的建议下要求对契丹称孙不称臣，这一下就触怒了耶律德光。辽国大举南下进攻后晋，而石重贵这边还是浑浑噩噩，醉生梦死。公元947年，辽国南下灭晋，石重贵开城投降，耶律德光虽然想就此吞并后晋，然而遭到了中原百姓的强烈抵抗。后晋大将刘知远称帝自立，后晋旧将纷纷响应。辽国见中原反抗势力太强，匆匆撤离。

刘知远定都开封，改国号为汉，五代进入第四代——后汉！临终前委任郭威等人为顾命大臣，但是继位的刘承祐对郭威非常猜忌。郭威起兵造反，后汉灭亡，是五代最短的一代。后汉宗室刘崇在晋阳自立称帝，史称北汉，也就是十国中的第十国。

公元951年，郭威称帝，定国号为周，史称后周。由于郭威的亲生儿子们全都被后汉所杀，所以郭威只好立养子柴荣为继承人。经过半个世纪的混战，到了后周世宗柴荣这里，终于迎来了统一的曙光。

柴荣登基后，在六年的时间里先后拿下后蜀四州、南唐十四州、辽国三关三州，奠定了统一基础。

在回师途中，柴荣意外捡到了一块木板，上面写着五个大字"点检做天子"。点检指殿前都点检，是禁军两司之一殿前司的长官。当时在这个位置上的人是张永德，他是柴荣的妹夫。

本着"宁可信其有，不可信其无"的原则，柴荣把张永德从这个位置上调走，将赵匡胤提拔了上来。

从最后的结果来看，柴荣这一举动将后周江山拱手让给了他人。

公元 959 年，后周世宗柴荣驾崩，年仅 39 岁。年仅 8 岁的儿子柴宗训登基，小符后垂帘听政。孤儿寡母，如何能守得住江山？群雄纷争的五代时期即将走向尽头。

杯酒释兵权：武人皇帝赵匡胤

公元 927 年，赵匡胤出生于洛阳夹马营（今河南省洛阳市瀍河区东关），小名香孩儿。他的父亲赵弘殷于唐末出生，在后唐从军，然后又经历后晋、后汉、后周。而赵匡胤则于后唐出生，在后汉时游历四方，投效于后汉枢密使郭威帐下。由此结识了郭威的养子柴荣，成为柴荣的亲信之一。

柴荣当了皇帝以后，赵匡胤的地位稳步上升，成为禁军殿前司的高级将领，和石守信、李继勋、王审琦等人结成了"义社十兄弟"。

公元 959 年，后周世宗柴荣驾崩后，嗣君柴宗训年仅 8 岁，无人相信一个 8 岁的孩子能坐稳皇位。再加上五代禁军政变的"优良传统"，诸将士都不约而同地准备拥立新君。

当时赵匡胤已是后周禁军将领，官至殿前都点检，在军中颇有威望，再加上之前一直盛传点检做天子的传言，因此赵匡胤的头号幕僚赵普就策划了一出改朝换代的好戏。

公元 960 年正月初一，后周朝廷收到边关急报——辽国南下进犯。宰相范质派赵匡胤率军出征。

三天后，大军行至开封城外的陈桥驿，趁着赵匡胤酒醉，众将士将提前准备好的黄袍拿出来，披在赵匡胤身上，随即高呼万岁。

赵匡胤半推半就地当上了皇帝，随即率军回师开封。小皇帝柴宗训下诏禅位，赵匡胤称帝建国，定国号大宋，改元建隆。

一个全新的时代开始了。

这是一个文化空前繁荣的时代——华夏文明之演进，造极于赵宋之世。同时，也是一个社会矛盾重重、积贫积弱的时代。

古往今来，对宋朝评价呈两极分化，有些人对宋朝优待士大夫不吝赞美，也有一些人对宋朝外战无力感到耻辱。那么宋朝到底是个怎样的朝代呢？一千多年后的我们应该如何看待宋朝呢？接下来，我们将从公元 961 年的一个雪夜说起。

建隆二年（961）的一天晚上，开封城下起了大雪。赵匡胤的首席军师赵普正准备早点睡觉，可是有一位不速之客敲响了赵普的家门。

赵普出来开门，看见赵匡胤站在雪中。他连忙把对方请进来："陛下为何深夜来访？"

赵匡胤皱眉："卧榻之外，都是别人的天下，朕睡不着啊！"

赵普心领神会："陛下您是觉得大宋的江山太小了吗？不如让臣为您算算。"

赵匡胤想起山西还有个认辽国为父的小皇帝："那依你看，先打太原（北汉）如何？"

"北汉背倚契丹，若是先灭北汉，就要直面辽国压力，不如先削平其他割据势力，最后再收拾北汉。"

赵匡胤大喜,点头称善。君臣二人定下了"先南后北、先易后难"的策略，开始了一统天下的征程。

公元 962—963 年，宋朝平定荆南、湖南，消灭了十国之一的南平国。

公元 964—965 年，宋朝派王全斌灭后蜀，由于宋军在蜀地军纪败坏，致使蜀地叛乱不止。

公元 970—971 年，宋朝派潘美讨伐南汉，次年刘铱投降，南汉灭亡。

公元 973—975 年，宋朝发兵江南，攻陷金陵，灭亡南唐。

至此，北宋已经完成了全国大部分统一，十国割据仅剩北方的北汉和江南的吴越尚存。

外患基本解决以后，接下来便是内患了。

五代政权更迭为何会如此频繁？其根本原因就在于武将权力太大，主弱臣强。为此，宰相赵普提出了三条策略："稍夺其权，制其钱谷，收其精兵。"

首先，赵匡胤对中央的禁军体制进行改革，枢密院掌管天下之兵，有发兵之权，而无握兵之重；京师禁军，由三衙掌管，有握兵之重，却无发兵之权。从根本上杜绝了中央禁军将领兵变的可能。

其次，赵匡胤架空了地方节度使的权力。派朝臣到地方接管财粮钱谷，同时给节度使赏官、赏钱、赏宅邸，软硬兼施，让他们安心在开封养老。

最后，赵匡胤来了一招撒手锏，下旨征调藩镇精兵编入禁军。这样藩镇一无权力、二无粮饷、三无精兵，再也不能对中央朝廷产生任何威胁。

在这些问题都解决以后，宋朝所面临的最大威胁就是辽国了。宋朝的首都是开封，漕运便捷，但因为没有幽云十六州作为屏障，导致开封一马平川，无险可守。

赵匡胤也意识到定都开封的劣势，因而想着将首都西迁至洛阳，但却遭到朝臣铺天盖地的反对。他们提出了八条反对理由：

"京邑凋敝，一难也；宫阙不完，二难也；郊庙未修，三难也；百官不备，四难也；畿内民困，五难也；军食不充，六难也；壁垒未设，七难也；千乘万骑，盛暑从行，八难也。"（《续资治通鉴长编》卷十七）

简而言之：迁不了！其实他们说的也并不是全无道理，但赵匡胤还是想一意孤行，先迁洛阳再迁长安，凭借山川险胜拱卫宋朝国都。

最终晋王赵光义的一句话彻底打消了赵匡胤迁都的念头："在德不在险！"

赵匡胤沉默不语，等到赵光义离开以后，才慨然长叹道："晋王说得也没错，但是不出百年，天下民力殚矣！"几个月后，赵匡胤离奇死亡，终年50岁，庙号太祖，皇弟晋王赵光义继位。

赵匡胤之死，是宋史第一谜案。没有人能说清赵匡胤在生命中的最后一个夜晚，对弟弟赵光义说了什么，而赵光义又做了什么。只知道在赵光义离开后的凌晨，宋皇后就发现赵匡胤已然断气。

她连忙让太监王继恩去找皇子赵德芳入宫。然而王继恩出宫后直接去了晋王府，请来了赵光义。

宋皇后自知大势已去，只能向赵光义哀求道："我们母子的身家性命，今后都要仰仗官家了！"

赵光义，奠定宋朝文治基因的皇帝

宋朝重文轻武的体制有一个不长不短的确立过程。赵匡胤在位时期仅对武将权力进行了限制，保证宋朝政权稳定。而到了赵光义一朝，以文驭武、强干弱枝的格局才逐渐形成，这塑造了宋朝的文化气质，但同时也带来了很多后遗症。

赵光义，出生于公元939年，本名匡义，是赵弘殷与杜太后的第三个儿子，从小就很得母亲的喜爱。相传在赵光义小时候，由于战乱，母亲把他和赵匡胤放在筐里，挑着逃难。路遇五代奇人陈抟，他十分惊奇地说道："莫道当今无天子，都将天子上担挑。"预言了这兄弟二人都会当上皇帝。其实这只是后世编出来的段子罢了。赵匡胤比赵光义年长12岁，哪里需要和弟弟一起躲进母亲的筐里逃难呢？

赵光义早年经历乏善可陈，没有什么亮点。直到后周时因为父兄的显赫，而迎娶了魏王符彦卿之女为妻，成为后周世宗柴荣的妹夫。

公元960年，赵匡胤陈桥兵变，黄袍加身，称帝建宋，为了避讳皇兄，他才改名为赵光义。

在宋朝刚建立的时候，赵光义作为皇弟并没有得到多少重用，然而母亲杜太后临终前的那番话彻底改变了他的命运，也给后世留下了一个千古之谜。根据《续资治通鉴长编》记载，在宋朝建立次年，杜太后病重，召来赵匡胤和赵光义以及赵普，问赵匡胤："你自己知道你是怎么得天下的吗？"

赵匡胤没有回答，杜太后再次追问，赵匡胤只能回答说是托父祖和母后的福。杜太后点破了窗户纸："若不是后周没有长君，你哪有今天？你死后应该传位给弟弟，国立长君，是社稷之福。"

在杜太后的要求下，赵匡胤与赵普将传弟的誓书写进了金匮之中，这就是著名的"金匮之盟"。

后世一般认为金匮之盟是赵光义伙同赵普捏造出来的。

而《续资治通鉴长编》的记载是作者从宋朝国史中引用而来，后世对杜太后是否真的要求赵匡胤传位于弟弟一直存在争议，而且也很难得出答案。

但是在杜太后去世后赵匡胤的一个举动，说明了金匮之盟可能并不是完全的谎言。

建隆二年（961）七月，赵匡胤任命皇弟赵光义为开封府尹，赵光义自此告别了闲散宗室的身份，正式走上政治前台。

得益于包青天故事的流行，使开封府尹这个官职家喻户晓。和演义小说有稍许差别的是，在北宋前期，开封府尹只能由宗室担任，而外姓臣子若是被皇帝任命管理开封府，那头衔则是"知开封府事"。

赵光义在开封府尹这个位置上坐了十五年，一直到他登基为帝。在此期间，他培植了一批亲信班底，只可惜这批人在他登基后很多都不堪大用。

随着赵光义的势力逐渐强大，他与宰相赵普的矛盾日益加深。赵普的第一次罢相就与赵光义有着很大的关系。

公元 973 年，独相十年的赵普罢相，不久，赵光义晋封为晋王，这是宋朝第一个封王的宗室，而赵匡胤的儿子赵德昭仅仅是山南西道节度使、同平章事。

赵匡胤是否打算传位给弟弟，我们已经不得而知。但是在开宝八年（975）的春天，赵匡胤想迁都洛阳，赵光义用了"在德不在险"五个字打消了兄长的念头。这之后的事情，就带了一些诡异。

赵匡胤从洛阳归来后去了弟弟赵廷美那里，不久，赵匡胤离奇死亡，死前曾与晋王一起饮酒。

我们不知道那个深夜万岁殿里到底发生了什么事，只知道宋皇后发现皇帝死亡后，就派宦官王继恩去找皇子赵德芳，没想到王继恩竟找来晋王入宫。于是在赵匡胤两个儿子尚在的情况下，晋王赵光义登基了。

对于这个结果，满朝文武心里都不约而同地犯嘀咕，但是无人敢直言反对。赵光义也知道自己这个皇位来得名不正言不顺，于是他下旨封赵德昭为魏王，又封赵廷美为齐王，兼开封府尹，俨然是要传给赵廷美的意思。面对赵光义这一通施恩，赵德昭没有感到高兴，而赵廷美却当了真，没有看透皇兄的本来面目，这也注定了他日后的悲剧命运。

赵光义新君登基三把火，第一把火就是先砍了赵匡胤的小舅子王继勋。这个王继勋可是当时著名的"吃人魔王",以烹饪人肉取乐,百姓避之不及,唯恐被王继勋抓住。然而王继勋纵使有如此恶行却一直没有得到实质性的惩处,原因在于赵匡胤十分喜欢宋皇后,因而对小舅子王继勋也是爱屋及乌。

赵光义杀掉王继勋及其党羽之后,洛阳百姓拍手称快。为了加强中央集权,赵光义对制度进行了大刀阔斧的改革,重视文教,大兴科举,奠定了两宋三百年重文轻武的格局。接下来,赵光义又迫使割据漳泉的陈洪进及吴越王钱俶献土,五代十国就此仅剩北汉一国。

太平兴国四年(979),赵光义亲征北汉。北汉本是割据一隅的小朝廷,靠着契丹支援才能苟延残喘,宋军阻断了契丹的援军,切断了北汉的命脉,但是在攻打北汉首都晋阳时还是遭到了顽强的抵抗,宋军围城数月才攻破了晋阳城的防御工事。北汉大势已去,在赵光义的要求下,北汉皇帝刘继元投降,赵光义下令摧毁了晋阳城。至此,宋朝完成了全国大部分统一,仅剩幽云十六州还在契丹人手中。

赵光义想乘胜追击,直捣幽云,一举收回十六州,但是他显然高估了宋军的实力。在幽州城下,宋军遭遇建国以来最大的惨败,赵光义被打得仅以身免,大腿中两箭,驾着驴车狼狈逃离战场。由于和大部队失去了联系,宋军将领甚至打算推举赵德昭为主,赵光义回来得知此事后对侄子非常猜忌,赵德昭问他何时对北征将士封赏,赵光义咬牙切齿地说道:"等你以后自己封吧!"赵德昭听完又惊又惧,竟拔刀自杀了!

赵光义故作伤心，大哭道："痴儿何至此邪！"但是仅过了两年，太祖幼子赵德芳也去世了。对赵光义皇位有威胁的就仅剩赵廷美了。

这时候赋闲多年的前任宰相赵普被赵光义起用，二次拜相。赵光义称赵廷美并非杜太后所生，而是乳母所生，然后又把给赵廷美出谋划策的宰相卢多逊流放崖州。赵廷美也未得幸免，从秦王被降爵为涪陵县公，安置在了房州，雍熙元年（984），赵廷美在房州呕血而死。

随着赵廷美的失势，赵光义终于扫清了传位给儿子的障碍，他把三个儿子元佐、元僖、元侃都封了王，让他们去中书那里见习历练。但是长子赵元佐却对叔叔的惨死心生悲戚之感，最终酿成了一桩人伦悲剧。

恰逢贺令图（宋太祖原配贺皇后之侄）被赵光义派往雄州，他听说辽景宗去世，继位的耶律隆绪年纪尚幼，主少国疑，而萧太后和韩德让形如夫妻，引得辽国国人不满，于是添油加醋报告给赵光义，赵光义信以为真，于是在雍熙三年（986）第二次北伐，史称"雍熙北伐"。

这次北伐赵光义兵分三路，由曹彬、潘美、田统进分别统领，起初进军还算顺利，拿下了寰、朔、云、应四州，兵锋直指燕云，但是随着辽国援军的赶到，战场局势发生了逆转，曹彬的东路军被耶律休哥断了粮道，由于缺粮少食再加上指挥不当，最终曹彬败得很惨，耶律休哥甚至用宋军的尸体筑起了"京观"。赵光义只好下令三路撤军。辽国乘胜追击，之前宋军拿下的城池也相继回到辽军的手中，雍熙北伐宣告失败，此后辽国不断南下袭扰，而北宋疲于应对，最终在景德二年（1005），宋真宗与萧太后签订了"澶渊之盟"，北宋以每年三十万岁币的代价换取宋辽边界的和平。

有意思的是，宋真宗赵恒一开始并不是赵光义心仪的皇储人选。赵恒，原名赵德昌，后被赵光义改名为元休、元侃。根据史书记载，赵光义共有九子，其中长子赵元佐与三子赵元侃是同母所生，赵元佐因为长得像父亲，所以很得赵光义喜欢。在赵廷美死后，赵元佐深受刺激，得了心疾，赵光义非常忧心，儿子病情好转后，下诏大赦。恰逢中秋家宴，赵光义没有邀请元佐，而元佐得知父皇邀请了其他兄弟，却单单没有邀请自己后，又惊又惧，半夜放火烧宫。

赵光义感叹家门不幸："朕每读书，见前代帝王子孙不率教者，未尝不扼腕愤恨，岂知我家自有此事！朕为宗社计，断不舍之。"下旨将元佐贬为庶人。

赵元佐自此失去了继位的可能性，他的二弟赵元僖心思活泛起来。当初告诉赵元佐赵光义举行中秋家宴的人正是赵元僖。在赵元僖看来，大哥被废之后那就应该轮到自己当太子了。赵光义下旨加封赵元僖为开封府尹，将他置于准皇储的位置上，度支判官宋沆上书建议立许王赵元僖为太子，却惹怒了赵光义，被赶出开封，就连宰相吕蒙正也被牵连罢相。

淳化三年（992），赵元僖在上朝途中感到身体不适，回府之后就死了，年仅27岁。赵光义下旨追封他为恭孝太子，但是不久后又突然追回了太子封号，还将赵元僖的宠妾张氏处死，就连张氏父母的坟墓也被赵光义下令捣毁。赵光义为何会和儿子的宠妾过不去？这个张氏和赵元僖之死有何关系？由于史料有限，我们已经无从得知。

在熬走了两个哥哥之后，本来资质平庸的赵元侃就成了第一顺位继承人。至道元年（995），赵光义下旨立赵元侃为皇太子，这是自唐朝李裕之后中原一百年来第一位皇太子。

百姓们对太子非常爱戴，称他为"真社稷之主"，赵光义听后非常不高兴，听了寇准解释之后才消了气。

至道三年（997），赵光义驾崩于万岁殿，终年 59 岁，庙号太宗。

吾谁与归：失败的庆历新政，千古流传的 《岳阳楼记》

庆历四年春，滕子京谪守巴陵郡。

——《岳阳楼记》

1015 年，时年 27 岁的范仲淹以"朱说"之名进士及第，授官广德军司理参军，由此进入仕途。

范仲淹的名次是乙科九十七名，这个成绩在一众进士中并不算高，因此他的起步官职仅有九品，地位低微，两年后因治狱廉平、刚正不阿升了一级，变成了文林郎。

范仲淹先后在泰州管过盐，在兴化修过堰，积累了丰富的基层工作经验。然而在北宋繁杂的官职系统中，像范仲淹这样的基层官员大多只能在地方上打转，很难入朝为官，更别说拜相主政了。

但是一位贵人的出现，直接改变了范仲淹的命运，让他从一个小小的地方官，变成了日后的宰执名臣。

名臣晏殊是宋真宗的宠臣，但是因为得罪了皇后刘娥被赶到应天府。他在应天府为官时听说了范仲淹有才名，于是在 1027 年请范仲淹来应天府书院主持教务。

年近四十的范仲淹终于有了大展宏图的机会。他向朝廷进谏万言书,奏请整顿吏治,清理冗官,提高武将地位。宰相王曾对他的万言书颇为赞许,和晏殊一起在皇帝面前推荐了范仲淹。

范仲淹被宋仁宗召入京城,供职于皇家秘阁。范仲淹由此进入了宋朝中枢。

好不容易混进了中枢,范仲淹却不改刚直性格,因为直言进谏,数次被外放出京。好友劝他少说话、少管闲事,但是范仲淹却说:"宁鸣而死,不默而生!"

1039 年,西夏李元昊率兵攻宋,在三川口大败宋军。次年,宋仁宗召范仲淹回京,派他去陕西主持边务。

范仲淹到任后整顿军备,修复要塞,提拔有军事才能的将领,如狄青、种世衡、郭逵等人,抵御西夏进犯。

1042 年,李元昊率大军再次攻宋,双方在定川寨展开大战,宋军大败,李元昊乘胜南下,范仲淹率军援救,李元昊连忙撤军,宋军燃眉之急已解,宋仁宗闻讯后非常高兴地说:"我就知道范仲淹可用啊!"

西夏国力不继,经不起长年战争消耗,主动要求与北宋议和,最终双方达成和议,李元昊向宋朝称臣,宋朝每年向西夏支付岁币。

西夏战事告一段落后,范仲淹也从西北再次回到了京城。宋仁宗拜范仲淹为参知政事,准备推行新政,力求解决北宋冗官、冗兵、冗费的问题,改变积贫积弱的现状。后世将这次新政称为"庆历新政"。

范仲淹提出了十项新政，主要内容是整顿吏治、发展经济、严整军备，想通过新政富国强兵，使北宋重新焕发出新的活力。

然而庆历新政刚一颁布，就遭到文官集团的大力反对。他们攻击范仲淹与欧阳修等人结成朋党，借着新政打压异己，一向耳根子软的宋仁宗开始对庆历新政产生了怀疑。

1045 年，范仲淹被排挤出京，外放到邠州。后因边塞严寒，出知邓州。支持范仲淹变法的富弼、韩琦、欧阳修等人也被赶出了京城，庆历新政由此宣告失败。

范仲淹到了邓州后，收到好友滕子京送来的礼物，邀请他为新修的岳阳楼写一篇文章。这篇文章就是千古名篇《岳阳楼记》。

"不以物喜，不以己悲"，范仲淹一生坎坷，几遭贬谪，却没有怨天尤人，无论是居庙堂之高，还是处江湖之远，都在殚精竭虑，鞠躬尽瘁。

在范仲淹生命中的最后七年里，他先后辗转于邓州、杭州、青州等地为官，最终于 1052 年在徐州病逝，享年 64 岁，谥"文正"，世称范文正公。

在本篇的最后，让我们用范仲淹的千古名篇《岳阳楼记》来总结他的一生：

嗟夫！予尝求古仁人之心，或异二者之为，何哉？不以物喜，不以己悲，居庙堂之高则忧其民，处江湖之远则忧其君。是进亦忧，退亦忧。然则何时而乐耶？其必曰"先天下之忧而忧，后天下之乐而乐"乎！噫！微斯人，吾谁与归？

范仲淹的一生，是北宋有志改革者的缩影。在错综复杂的官场上，仅靠一腔热血和忠诚是远远不够的。

李清照：个人身世与家国命运的悲愁存亡

李清照出生于 1084 年，齐州章丘（今山东省济南市章丘区）人，其父李格非是苏轼的学生，进士出身；母亲是状元的孙女，也十分有才气。所以父母二人就由王维的诗句"明月松间照，清泉石上流"，给自己的女儿取了一个风雅的名字——清照。

李清照自幼生活在这样的家庭之中，耳濡目染，打下了坚实的文学基础。

少年时代的李清照跟随父亲生活在汴京，京都的繁华景象加上优渥的生活环境，在很大程度上也激发了李清照的创作热情。除了作诗之外，李清照开始在词坛上崭露头角，写出了为后世广为传诵的著名词章《如梦令·昨夜雨疏风骤》。此词一经问世，便轰动了整个京师。而此时的李清照还不到 18 岁。

1101 年，18 岁的李清照迎来了她的爱情，与比自己年长 3 岁的太学生赵明诚在汴京成婚。当时李清照的父亲在礼部任职，夫君的父亲则在吏部任职，均为朝廷的高级官吏。

而李清照夫妇的生活却十分质朴。在太学读书的赵明诚每当过节回家与妻子团聚时，时常会先到当铺典质几件衣物，换来一点钱，然后步入热闹的相国寺市场，买回妻子喜爱的碑文和果实，回家后夫妇二人便"相对展玩咀嚼"。

不久之后，赵明诚进入仕途，虽然有了独立的经济来源，但夫妇二人仍然过着非常俭朴的生活，且立下了"穷遐方绝域，尽天下古文奇字之志"。

赵家藏书虽然丰富，可是对于李清照来说，却远远不够。于是夫妻二人便通过亲友故旧，想方设法地把朝廷馆阁收藏的罕见珍本秘籍借来，"尽力传写，不能自已"。遇有名人书画、三代奇器，更不惜"脱衣市易"。因此二人新婚后的生活，虽然清贫，但安静和谐、高雅有趣，充满着幸福与欢乐。

可惜好景不长，李清照出嫁后第二年，朝廷内部激烈的新旧党争就把李家卷了进去。李清照的父亲被列入元祐党籍，不得在京城任职，被罢官后只得携眷回到原籍。

一年后，愈演愈烈的朝廷党争甚至将罪名株连到了李清照的身上，这对原本恩爱的夫妻，不仅面临被拆散的危险，而且偌大的汴京，已经没有了李清照的立锥之地，她不得不只身离京回到原籍，去投奔先行被遣归的家人。

李清照23岁时，蔡京被罢相，朝廷毁《元祐党人碑》，大赦天下，解除了一切党人之禁，李清照才得以返回汴京与丈夫团聚。

但世事无常，仅仅过了一年，蔡京便复相，无情的政治灾难这次降临到了赵氏一家头上，赵明诚无法继续留居在京师的赵家，只好回到青州的私宅，李清照也跟随夫君开始了屏居乡里的生活。

1108年，李清照取陶渊明《归去来兮辞》的含义，将她的书房命名为"归来堂"，自号"易安居士"。虽然失掉了昔日京师府中的优裕生活，却得到了居于乡里平静安宁的无限乐趣。夫妻二人相互支持，研文治学进行创作，他们节衣缩食，搜求金石古籍，度过了一段平生少有的和美岁月。

在李清照的帮助下，赵明诚大体上完成了《金石录》的写作。不久之后，二人来到莱州。在莱州期间，李清照继续帮助赵明诚整理《金石录》，二人就这样夫唱妇随地过了十年的快乐时光。

直到金人大举南侵，"靖康之变"爆发之后，北方的局势愈来愈紧张，李清照开始着手整理自己的收藏，准备南下。经过几番挑选，还是装了满满十五车，送至江宁府。

李清照来到江宁之后，以宋高宗为首的妥协投降派，借口时世维艰，拒绝主战派北进中原，一味言和苟安。李清照十分不满，多次写诗进行讽刺。

1129 年，江宁发生兵乱，赵明诚弃城而逃，在前往湖州任职的路上病逝。赵明诚死后，李清照大病一场，为了保存赵明诚遗留下来的文物书籍，李清照派人运送行李，投奔赵明诚在兵部任职的妹婿。不料金军攻陷了洪州，李清照只好携带少量轻便的书帖典籍仓皇南逃。在颠沛流离之中，剩余的文物又遗失了大半。

到达杭州后，图书文物散失殆尽造成的巨大痛苦，加上颠沛流离的逃亡生活带来的无情折磨，使得李清照陷入伤痛和走投无路的绝境。孤独无依之中，早已觊觎她珍贵收藏的张汝舟乘虚而入，迎娶了李清照。可婚后张汝舟发现李清照家中并没有多少财物。大失所望之下，张汝舟便对她拳脚相加。

张汝舟的野蛮行径使李清照难以容忍。在发现张汝舟还有营私舞弊、骗取官职的罪行时，李清照便果断地向官府告发了张汝舟，并要求离婚。虽然最终李清照被获准离婚，但依照宋代的法律，妻告夫要被判处两年的徒刑。在亲友的大力营救下，李清照仅仅被关押了九日就获释了，对于李清照改嫁张汝舟的事情，后世学者颇有争议。

　　虽然经历了一场再嫁后所托非人、身陷囹圄的劫难，但50岁的李清照的意志并未消沉，诗词创作的热情更趋高涨。她从个人的痛苦中解脱出来之后，把眼光投到了对国家大事的关注之上。

　　一年后，李清照来到金华避难。在金华期间，李清照曾作《武陵春》词，感叹自己辗转漂泊、无家可归的悲惨身世，表达了对国破家亡和嫠妇生活的愁苦。又作《题八咏楼》诗，悲叹宋室之不振，慨江山之难守，其"江山留与后人愁"之句，堪称千古绝唱。

　　1155年，李清照怀着对死去亲人的绵绵思念和对故土难归的无限失望，悄然辞世，终年72岁。

丹心汗青：南宋最后的挽歌

人生自古谁无死？留取丹心照汗青。

——《过零丁洋》

文天祥的时代，正处于南宋晚期，彼时金国已经灭亡，南宋端平入洛失败，蒙古铁骑南下，赵宋王朝风雨飘摇，在内忧外患之中走向不可避免的终局。

文天祥，初名云孙，字宋瑞，吉州庐陵（今江西省吉安市青原区富田镇）人，出生于1236年，也就是宋理宗端平三年，距离临安出降、宋朝灭亡还有四十多年。

宋理宗赵昀本是远支宗室，由权相史弥远矫诏拥立，在位前十年朝政大权均由史弥远把持，直到史弥远死后赵昀才拿回权力。

当时的赵昀还有想当一个中兴之君的动力，他将程朱理学尊为官学，并且整顿吏治，打击官员贪污腐败，罢黜史弥远一党，让日渐腐朽的南宋朝短暂地提了一口气。此时远在漠北的蒙古正是如日中天的上升期，北方的金国摇摇欲坠，为了夹击金国，蒙古派使者入宋，请求联合灭金。

金国对于南宋来说有着国仇家恨，靖康之难的奇耻大辱，让每个南宋子民都难以忘却，然而却不知漠北的蒙古，是比金国更加可怕的威胁。

南宋朝廷为了是否联蒙灭金而分裂成两派，一方认为唇亡齿寒，金国灭亡后南宋就要直面蒙古威胁，一方认为金国与南宋有着血海深仇，为何不能一雪前耻？双方争执不下，最终后者的声浪盖过了前者，再加上金朝南下劫掠，让宋理宗决定与蒙古联合夹击金朝。

一百多年前，北宋为了收回幽云十六州，联金灭辽，迎来的是靖康之难；一百多年后，南宋为了一雪前耻，联蒙灭金，迎来的将是彻底的灭亡。

端平元年（1234），南宋出兵与蒙古大军联合攻陷金国最后一座城池——蔡州，金哀宗自杀，末帝完颜承麟死于乱军之中，金国宣告灭亡。

关于原来的金国领土如何分割，双方在出兵之前没有达成协议。在金亡之后，南宋趁蒙古还没有入主中原，出兵收复三京之地（东京开封、西京洛阳、南京商丘）。但由于荆湖、四川两大战区不肯配合，导致南宋军队的后勤运输非常艰难，而蒙古对中原的破坏又十分严重，最终宋军在攻取洛阳时被蒙古铁骑击溃，窝阔台以南宋背盟为由，在次年大举进攻南宋。

立国一百五十余年的南宋进入灭亡倒计时。

文天祥的童年在江西吉安度过，他的父亲未曾入仕，但是对儿子们的教育却十分上心，特意聘请当地大儒教授文天祥兄弟们读书。

宝祐四年（1256），时年21岁的文天祥在殿试中以"法天地之不息"为题，洋洋洒洒写下万字《御对策》，宋理宗读过后大喜："此乃天之祥，宋之瑞！"当场钦点他为状元。

在接下来的二十年中，文天祥的命运将会随着南宋国运飘荡起伏，最终在走向结局时，为大宋王朝画上了一个悲壮的句号。

不久，文天祥因父亲突然病逝，遵礼制回乡守丧二十七个月，等他重回官场，南宋朝廷已经是焦头烂额了。

开庆元年（1259），文天祥守孝期满，朝廷派他去浙江宁海做官，还没来得及赴任，就传来蒙古大军突破长江防线，包围鄂州的消息，紧接着蒙古骑兵就踏进了江西。

满朝文武人心惶惶，宦官董宋臣劝宋理宗迁都避难，文天祥上书反对迁都，细数董宋臣的诸多罪状，理宗在群臣反对之下没有迁都，但是对董宋臣却依然信赖。

文天祥心灰意冷，自请辞官还乡。不到三个月，朝廷又让他到南昌去做官，文天祥自知去了也是难有作为，于是向朝廷申请了一个主管道观的官职，借此修身养性，远离官场斗争。

但是文天祥毕竟是状元，朝廷怎么可能放任他领一份闲差终老呢？景定二年（1261），宋理宗下旨召文天祥入京，任职秘书省正字。

文天祥推辞不去，朝廷多次催促，文天祥不得已还是在次年入京赴任。

昔日的大太监董宋臣被赶出临安，丞相贾似道把持朝政，宋理宗不理政事，但是对文天祥的才学却十分欣赏。来到京城第二年，时年 28 岁的文天祥就升任著作佐郎兼刑部郎官。

然而宋理宗却突然想起董宋臣的好处，要把他召回临安，文天祥上疏反对，痛陈此人误国误民，劝宋理宗不要起用。

但是文天祥此疏却如石沉大海一般，过了一个月都没得到回音。文天祥非常失望，便准备收拾行李回家，贾似道却让文天祥去江西瑞州当知州。

当时的瑞州在蒙古铁蹄之下已是满目疮痍，一片狼藉。文天祥到任以后，整顿治安，休养生息，兴修文教，政绩斐然。

然而一场巨大的变故，不仅改变了文天祥的命运，也改变了宋朝的命运。立国三百年的大宋王朝，即将走向灭亡。

1265 年，在位四十年的宋理宗驾崩，皇太子赵禥即位，是为宋度宗。

这个赵禥是理宗的侄子，生下来就是弱智。宋理宗本是远支入继，他不想再找个远支宗室当皇子，于是就找来侄子当太子，但是一个弱智皇帝如何能治天下？

宋度宗登基后根本不管朝政，每天在后宫里和嫔妃享乐，朝政都由权相贾似道把持。文天祥本已要被召回京城，但是在贾似道的安排下，文天祥继续在江西为官。

不久，文天祥被小人陷害，罢官回乡，在家乡开辟了文山，打算远离世俗，静修养心。然而南宋局势已经十分紧张了。

蒙古大军步步进逼，南宋摇摇欲坠。经老师举荐，文天祥上任江南宁国府，不久再次入临安为官。

文天祥眼见皇帝荒淫无度，不理朝政，权相贾似道大权独揽，把朝廷搞得乌烟瘴气，心中十分不满。贾似道唆使御史弹劾文天祥，要罢免他所有的官职，文天祥索性辞官回乡。三年后，文天祥又一次被朝廷起用，派往湖南。

这时候的文天祥也不过 38 岁，由于屡遭贬谪，他早已疲惫不堪，长出了白头发。

1275 年，元军占领鄂州，沿长江一路南下，直奔临安而来。朝野震动，号召天下义军勤王。

文天祥虽是一介书生，不通军事，但是在他的号召之下，江西豪杰纷纷响应，很快就拉起了一支万人队伍。

当时长江沿岸的守将已经毫无斗志，纷纷倒戈投降。可是文天祥带着勤王大军到达临安时，非但没有得到重用，反而被晾在了一边。

等到宰相陈宜中回朝后，文天祥才被派去守平江府。然而这时的南宋已经穷途末路了，蒙古大军屠杀了常州全城百姓，陈宜中连忙让文天祥回防临安。

次年正月，蒙古大将伯颜已领兵到了临安城外三十里，太皇太后谢道清决定开城投降。为了保留赵宋法统，她秘密安排大臣护送两个小皇子逃出临安，并将文天祥升为右丞相，派他去元军大营议和。文天祥因为与伯颜争论，被扣在了军营里。

文天祥想办法逃出了元军大营，几经辗转，投奔到了流亡小朝廷，但是却被大将张世杰排挤。

1278 年，因部下叛变，文天祥被元军俘虏。元军大将张弘范早就听说了文天祥的大名，对他以礼相待，还要他写信招降张世杰。文天祥被逼无奈，写下了那篇《过零丁洋》表明自己的志向："人生自古谁无死？留取丹心照汗青。"张弘范多次劝降他归降元朝，但是文天祥宁死不从。他将文天祥押送到大都，交给忽必烈处置。

不久，流亡小朝廷被元军包围在崖山，退无可退，陆秀夫抱着小皇帝跳海殉国，文天祥悲痛万分。忽必烈非常欣赏文天祥的才华，想将他收为己用。然而文天祥在狱中三年，始终不愿为元朝效力。他在狱中作《正气歌》，表达了自己的民族气节和爱国精神。

1283 年，文天祥在大都从容就义，明朝景泰年间追谥为忠烈。后世将文天祥、陆秀夫、张世杰合称为"宋末三杰"。

第七章

元明帝国：
血腥、辉煌与传奇

元朝是中国历史上疆域最辽阔的朝代，然而皇室内斗频繁，社会矛盾激烈，王朝持续不到百年。作为中国历史上出身最贫寒的大一统开国皇帝，朱元璋开启了明朝的全新时代。

　　忽必烈如何建立元朝？朱元璋如何开创明朝？阳明心学是怎么回事？张居正如何为明朝再次续命？在明朝灭亡之后，郑成功如何成为南明最后的脊梁？

忽必烈，元朝铁骑与开国皇帝

13 世纪，蒙古高原的诸部落还处于部族混战之中，来自乞颜部的铁木真异军突起，统一蒙古各部，建立了大蒙古国，称成吉思汗。成吉思汗的子孙征服了欧亚大陆，建立了有史以来疆域最辽阔的国家……

孛儿只斤·忽必烈是成吉思汗的孙子，拖雷的嫡次子，在拖雷的十个儿子当中排行老四。相传，忽必烈刚出生的时候，皮肤黝黑，因此带有突厥血统的忽必烈从小就被交给了拖雷的次妻抚养。

长大后的忽必烈热衷探索前代帝王的功业逸事，尤其喜欢听唐太宗李世民作为秦王时广纳四方文学之士，终成大业的事迹。于是他千方百计地召集藩府旧臣以及有识之士，孜孜不倦地询问治理国家的方略。在汉族儒士的影响下，忽必烈获取了许多可贵的知识和信息，而且为他了解中原汉地和日后以汉法治汉地打下了很好的基础。

1251 年，忽必烈之兄蒙哥成为大蒙古国的大汗，是为元宪宗。因为忽必烈在蒙哥的同母弟弟们中年龄最大，于是蒙哥在即位后不久，就任命忽必烈负责漠南的汉地军事，驻牧于金莲川。在总领漠南前后，忽必烈在四方文学之士的基础上，形成了一个号称"金莲川幕府"的谋臣侍从集团。金莲川幕府的形成，是忽必烈主动吸收汉法，并与中原士大夫实行政治联合的良好开端，为元帝国的建立提供了必要的政策方略、社会支持和人才储备。

第二年，忽必烈在蒙哥的授意下率军十万出征西南的大理国，这是忽必烈总领漠南后承担的第一项重大军事行动。

大理的白族是一个藏缅部落，在段姓王室的领导下，保持了三个世纪的独立。汉人将大理及其周边区域称为云南，意为"彩云之南"。

蒙古大军兵分三路，忽必烈亲自率领中路军，沿着黄河向西南前进了三百五十公里，到达临洮。然后向南穿过青藏高原山麓，进入今天的四川北部，1254 年正月，随着段兴智的投降，忽必烈下达了止杀令，留下驻守的蒙古军队逐渐与当地人通婚，兀良合台则率军继续向南、东两个方向进军，征服了那里零散的部落。三年后他一路深入今天的越南北部，在夺取了河内后，才因为热带的高温和疟疾而不得不撤兵。至此云南完全纳入了帝国的版图，最终使之重新成为中国的一部分。而蒙哥率领的大军此时已经驻扎在了六盘山，准备对重庆发起进攻。

1259 年，使者带来了蒙哥在四川钓鱼城去世的消息，并催促忽必烈北归。此时 45 岁的忽必烈正打算渡过淮河进入宋境。就在忽必烈犹豫不决之时，接到了妻子的传信。信中说他的幼弟阿里不哥正在调兵遣将，意图夺取汗位。

忽必烈闻出了叛乱的味道，于是便同意了南宋支付岁币来换取两国划江为界的提议，掉头返回蒙古，集中精力应对即将升级为内战的汗位之争，这也使得南宋得以继续残喘二十年。

此时摆在忽必烈眼前的是，阿里不哥在蒙古西部阿尔泰山脉的夏宫宣布称汗，旭烈兀和金帐汗国的统治者别儿哥因为宗教和领土问题，成为死对头。帝国岌岌可危。

为了挽救帝国，忽必烈在开平召开忽里勒台（大朝会），在部分宗王、大臣的拥戴下登基，成为大蒙古国的皇帝。他更改蒙古旧制，采行汉法，建立与中原经济基础相适应的中央集权制封建政权；以汉地丰富的人力、物力为依托，出兵击败了阿里不哥。

没过多久，波斯的旭烈兀、南俄的别儿哥、察合台汗国的阿鲁忽在数月中相继离世。没有了后顾之忧的忽必烈，重新放眼南方，他的传奇一生这才刚刚开始。

忽必烈深知以中原为基地进行统治的重要性，于是他升开平为上都，又下诏仍将燕京命名为中都，并舍弃了蒙古传统的首都哈拉和林，在夏冬两季，往返于上都和大都之间。大都，也就是现在的北京市，成为忽必烈驾驭两个世界的最佳地点。

1271年，57岁的忽必烈取《易经》"大哉乾元"之义，将国号由"大蒙古国"改为"大元"，从大蒙古国的皇帝变为大元皇帝。为了使自己的统治更加合法化，忽必烈引入佛教，建立了宗教体制和国家体制并行，一切都走上正轨的忽必烈，重新开启统一大业。

南宋境内与北方截然不同，这里河流纵横、城市棋布，长江天险更是让南宋都城临安易守难攻。城市里备足了火药和粮食，这对不善于攻城战的蒙古人来说更是难上加难，忽必烈决定建立一支水师，顺着汉江自北而下破宋。

1273年，襄阳陷落，南宋防御体系崩溃。三年后，南宋太皇太后谢道清带宋恭帝出降，奉上了传国玉玺和降表，南宋都城临安陷落。此后，元军开始着手消灭南宋的残余势力。直到忽必烈65岁这一年（1279）宋元双方在崖山外海进行了最后的海战，史称"崖山之战"，宋军战败，南宋至此灭亡。元朝正式实现了自唐朝以来的又一次大一统。

在攻克襄阳的同时，忽必烈还因为日本当时的执权者北条时宗不肯向自己臣服，而发动了征日战争。他任命征东元帅忻都（学界对此有争议）统率蒙汉军两万人，连同高丽军一万余人，乘三百艘战船和五百艘小艇，从高丽南部海岸的马山启航，跨越了五十公里海面，到达了对马岛。

对马岛历来就是从大陆攻击日本的踏脚石，乃是兵家必争之地，在岸上，蒙古人痛击了日本武士，鲜血染红了海水。虽然日本人进行了顽强的抵抗，但是蒙古军队在战斗力和战术方面都远远高于日本，加上威力强大的火药武器震天雷，很快便取得了战斗的胜利。蒙古人乘胜驶向五十公里外的下一块踏脚石壹岐岛，在那里，日本人遭遇了同样的结局。

拿下壹岐岛后，蒙古舰队来到了由博多城控制的海湾内，也就是今天的日本福冈。忽必烈的军队在海上如入无人之境，轻而易举地便在海滩成功登陆。在战斗中，日本人第一次遭受到了爆炸武器的攻击，蒙古人突破自如，很快便向内陆纵深渗透，烧毁了附近许多村子。

然而蒙古人虽然在战场上压制住了日军，但却不擅长山地作战，无法突破九州岛崎岖的地形进入腹地。加上副帅刘复亨中箭受伤，蒙古人只能暂时撤回船上。日本人则逃离海滩避难，躲在当地首府太宰府内。

就在蒙古人计划第二天向日本发动进攻的时候，天气变得越来越坏，当夜意外到来的台风刮翻了蒙古军队两百多艘战船，一万三千多人溺亡，忻都只好率领剩余船只撤退回国。

在征服南宋之后，67岁的忽必烈于1281年春发动了对日本的第二次战争。元军这次远征日本的规模要远远大于第一次，兵力达到十五万之多，大小船舶近五千艘，可战争的结果却出乎所有人的预料。

为了凑齐足够多的战船，忽必烈要求高丽国王在半年的时间内造好两千艘战船，否则就要兴师问罪。高丽王只好用平底船代替 V 形的海船，整个船体没有一块完整的船板，都是由小木块拼凑而成。这也间接地导致了船只的整体结构强度不够。

很快，蒙古人就发现博多湾周围二十公里内都被日本人修建的石墙所阻挡，无法登陆。激烈的血战持续了一个多月，而就在此时，海上接连几天刮起了飓风，将元朝军队的战船几乎全部摧毁，约有六万五千名士兵葬身大海，元军的第二次东征再次以失利告终。

67 岁时，忽必烈的皇后察必去世，五年之后，太子真金也英年早逝。

　　1294 年忽必烈病重，在大都紫檀殿病逝，享年 80 岁。

朱元璋与大明王朝创业史

　　元文宗天历元年（1328），朱元璋出生于河南江北行省濠州钟离县太平乡孤庄村的一个贫苦农家。当时元朝正在进行着两都之战——燕帖木儿拥立元武宗之子图帖睦尔为帝，与上都的泰定帝之子阿速吉八交战，最终以图帖睦尔的胜利告终。此时的元朝在中原已经统治了五十余年，皇室内斗频繁，社会矛盾越发激烈。

　　朱元璋在家里排第四，家族兄弟排第八，故名朱重八。他的三个哥哥名叫重四、重六、重七，太爷爷名叫四九，爷爷名叫初一，父亲名叫五四。这种以数字命名的方式，在当时的淮西并不少见，比如大名鼎鼎的徐达、常遇春、汤和祖上三代都是数字名字。

　　在朱重八出生时，父亲朱五四已经五十余岁，母亲陈氏也有四十多岁。大哥朱重四已娶妻生子。对于重八这个孩子的出生，这一家人没有丝毫喜悦，只有无尽的忧虑。朱元璋的家境非常贫寒，父母居无定所，四处迁徙搬家，靠给地主种地为生。

　　三个哥哥里除了大哥留在家中照顾父母外，两个哥哥已入赘别处，后来因战乱去世。此外，朱元璋还有两个姐姐。大姐朱氏嫁给了平民王七一，夫妻二人因战乱去世。二姐朱佛女嫁给泗州富户李贞，夫妻两人平时没少帮助朱家。朱元璋称帝后，对二姐一家一直心怀感激。

朱元璋的祖上来自金陵朱家巷。元世祖至元年间，朝廷征发了一批金陵农民作为淘金户，每年要上缴一定数额的黄金，朱元璋的曾祖父大概也在其中。可是金陵也没有什么金矿，上哪儿去淘金呢？没办法，只能凑钱买金子上缴。但这就意味着淘金户们还要再受一层盘剥。朱元璋的祖父实在忍受不了这层层剥削，带着全家老小跑到淮西。几经波折，最终在濠州定居。

朱元璋父祖的经历只是元朝无数贫苦农民的缩影。元朝的诸色户计制度让百姓们世代都只能从事一种职业。但是因为官吏们的贪污盘剥，无数百姓难以维持生计，只能抛家弃产变成流民，依附于地主大户。

若是不出意外，朱元璋也会和他的祖辈一样，在朝廷和地主的剥削之下辛苦劳作，碌碌地过完一生，成为那个时代不起眼的一粒尘埃。

然而至正三年（1343）的一场天灾，不仅改变了朱元璋的命运，也使历史出现了拐点。一个三代赤贫的草根，将成为影响接下来近三百年历史的帝王。

在这一年春天，朱元璋的家乡发生了瘟疫和蝗灾，次年又暴发了瘟疫。贫病交加之下，朱元璋的父母、长兄在一个月内相继去世。而17岁的朱元璋连操办丧事的钱都没有。他求地主刘德给自己一块地埋葬父母，却被刘德冷漠地拒绝了。

一个叫刘继祖的好心人送了一块地给朱元璋，才让朱元璋和二哥把父母草草地埋葬了。邻居汪大娘送他去皇觉寺出家，给他找了个着落。日后这两家人都得到了朱元璋的厚赠。

朱元璋入皇觉寺后仅五十余天，寺中就因为缺粮，把僧弥们都打发出去化缘。朱元璋在接下来的三年里，四处游荡，尝尽了艰难困苦，看遍了世间百态，增长了不少阅历见识。

面对元朝治下的种种不平之事，他忍不住产生了这样的想法：为何有些人生下来就能锦衣玉食，而有些人辛辛苦苦劳作一生却越来越穷，死了连一块安息之地都没有？其实，当时有这样想法的人不在少数。他们都在等待一个机会，等待一个能掀翻元朝的机会。

至正八年（1348），朱元璋结束游历生涯，回到皇觉寺潜心读书。三年后，黄河决堤，宰相脱脱下令征发十五万民夫修河。

义军领袖韩山童和刘福通见时机已到，就四处散播谣言："莫道石人一只眼，挑动黄河天下反！"

不久，修河的民夫果然在河堤里挖出了一个独眼石人，背后就刻着这么两句话。一时间，人心惶惶。韩山童趁机聚众造反，迅速壮大起来，拉开了元末红巾起义的序幕。

江南的张士诚、湖广的徐寿辉也相继起兵造反，元朝进入灭亡倒计时！还在皇觉寺读书的朱元璋也收到好友的一封信，邀请他参加义军。

虽然朱元璋无父无母，无家无产，但是真要让他去造反，他也满是迟疑，成则帝王将相，败则万劫不复。这时寺中的僧弥却因害怕被朱元璋牵连，秘密向官府告发了他。

朱元璋心一横，就投奔到濠州城义军元帅郭子兴帐下。从这一刻起，一个名叫"大明"的强大王朝，开始生根发芽。

郭子兴见朱元璋非同寻常，不似池中之物，就把义女马氏嫁给了他。朱元璋也不负众望，不仅自己拉了支队伍迅速发展起来，还攻下了滁州作为根据地。

然而朱元璋的志向远不止于此。郭子兴生性狭隘，并非明主，见朱元璋在军中声望日隆，十分猜忌，经常刁难他。朱元璋凭借自己的威望，招募了一批自己的班底。

至正十五年（1355），郭子兴突然去世。没有了郭子兴的掣肘，朱元璋终于可以放开手脚，大干一场了。朱元璋当时仅据有滁州、和州两地，缺粮少食，难以长久经营下去。因此，他把目光投向了集庆路，也就是我们现在所熟悉的南京市。

集庆，古称江宁、金陵、建康、建业等，自三国东吴在此建都之后，又有东晋、刘宋、南齐、南梁、南陈在此定都，因此有"六朝古都"之称。这是东南钱赋重地，人口稠密，又有能当十万兵的长江天堑，战略位置不可谓不重要。朱元璋若是攻下集庆，就有了逐鹿天下的入场券。但是仅靠朱元璋手下这点儿兵，要攻下集庆路谈何容易？且不说元军重兵把守，光是面前这条长江就能挡住他们的去路。

恰巧巢湖水师苦于庐州左君弼的威胁，愿意归附朱元璋。当时水道皆被元军封锁，无法通行，但是因为雨季突降大雨，原来干涸的路段也雨水流溢，巢湖水师突破了重重封锁抵达和州。有了这一支精锐水师在手，朱元璋如虎添翼，立即率部渡江，准备攻取集庆。

元朝在江南的水军战斗力低下，根本不是义军的对手。常遇春一马当先，率先拿下了重镇采石。但是诸将见采石粮草充足，只想抢掠一通就回和州，朱元璋效仿项羽的破釜沉舟，砍断了舟缆，以示有来无回，强令诸将继续进军。

至正十六年（1356）三月，朱元璋正式攻入集庆，改集庆路为应天府。随后又将应天周边的州县相继拿下，分派将领前去镇守。

为了防止将领叛变，朱元璋将他们的家人扣留在应天府居住。此外朱元璋还秘密设立了名为"检校"的特务机构，用来监视各地守将。随着朱元璋领地的扩大，各地的行政体系也逐渐开始成形，成为日后明朝地方官制度的雏形。

当时南方各路义军混战割据，江南有朱元璋、方国珍、张士诚，湖广有陈友谅，四川有明玉珍，福建有陈友定，广东有何真等。其中领土最大、武力最强的是陈友谅，最富裕的则是苏州的张士诚。

陈友谅杀害旧主徐寿辉后，自立为大汉皇帝，原来的天完政权四分五裂，诸将纷纷叛逃，明玉珍更是在重庆自立，拒绝听从陈友谅号令。为了立威，陈友谅决心拿朱元璋开刀。至正二十年（1360），陈友谅率大军顺长江而下，直扑应天府。

朱元璋用计在应天城外的龙湾打败了陈友谅的大军，还让徐达一路打到汉阳城下，距离陈友谅的首府汉阳咫尺之遥。由于战线过长，粮草不继，久攻不下，徐达下令撤军。虽然徐达没有攻下汉阳，但是这一仗还是让陈友谅颜面扫地，其部下纷纷投降朱元璋，江西行省丞相胡廷瑞更是举江西全境归降。

朱元璋接收江西后实力大增，而陈友谅已成强弩之末，色厉内荏。为了夺回江西，陈友谅在至正二十三年（1363）举全国之力，率巨舰攻打洪都。

这艘巨舰在史书上的记载非常夸张："舰高数丈，外饰以丹漆，上下三级，级置走马棚，下设板房为蔽，置橹数十其中，上下人语不相闻，橹箱皆裹以铁，自为必胜之计，载其家属百官空国而来。"

当时负责守城的是朱元璋的侄子朱文正，他血战八十五日坚守洪都，终于等到朱元璋的大军顺江而来，与陈友谅决战于鄱阳湖。

第二天下午，双方战局正在胶着之时，风向突然大变。朱元璋敏锐地抓住了这个机会，派出一支敢死队，带着枯草、火种突入陈友谅舰队中纵火。陈友谅的舰队船只密集，首尾相连，借着东北风，火势越来越大，汉军死伤惨重，溃不成军。一时间鄱阳湖上全是火焰，将湖水映成了赤色。

陈友谅进退失据，想要撤回汉阳，却在江口被流矢射中身亡，此时距离他弑主篡位不过四年，终年44岁。一代枭雄，就此落幕。次年，朱元璋攻破汉阳，陈友谅之子陈理投降，自此，陈友谅的领地尽归朱元璋所有。

朱元璋称吴王，建百司官属，置中书省，与另一位吴王张士诚对峙。为了与张士诚区分，我们将张士诚称为东吴，将朱元璋称为西吴。

张士诚其人精于算计，时而向元朝称臣，时而又自立称王，元朝对此人是毫无办法，只能任由他占据着最富庶的江南，割据一方。但是张士诚目光短浅，只想在江南做土皇帝。朱元璋评价张士诚是"器短"。

　　可是张士诚的难对付程度并不下于陈友谅。朱元璋对张士诚的痛恨程度也远远超过陈友谅。自朱元璋占据集庆以后，就频繁与张士诚发生冲突。张士诚利用经济优势，数次在朱元璋军中进行策反，甚至连朱元璋的外甥李文忠、侄子朱文正都想过叛逃到张士诚那里。

　　一向明哲保身的汤和也曾在酒后说："我驻守在这里（常州），就是站在房檐上，一面向东，一面向西。"言外之意是指不定哪天就向东了。汤和的部下连忙报告给了朱元璋，汤和由此被朱元璋记恨了好久。

　　至正二十七年（1367），朱元璋发兵二十万，讨伐张士诚。只想守土偏安的张士诚终究敌不过朱元璋强大的武力，最终兵败被俘，在被押送至应天的路上自杀。之后朱元璋又乘胜追击，消灭了福建陈友定、浙东方国珍、广东何真等南方割据势力。同年十月，朱元璋派徐达和常遇春率二十五万大军北伐中原。

　　在此之前，中国历史上从未出现过由南向北成功统一的朝代，但是此时北方的元朝已是腐朽不堪，早就不是义军的对手了。

　　而各路义军首领多是底层出身，并没有建立统一国家的能力与眼界，虽能在战场上取胜，却总是难以持久，使得元朝能够继续苟延残喘。直到朱元璋的崛起，才终结了这一局面。一个皇权更集中、更专制的朝代开始了。

至正二十八年（1368）正月初四，朱元璋在应天南郊举行祭天大礼，登基称帝，定国号大明，改元洪武。

同年八月，徐达的北伐大军攻克了元朝首都大都，元顺帝携宗室家眷北逃，蒙古贵族在中原的统治结束了。

朱元璋乘胜追击，通过数次北伐消灭了北方的蒙古残余势力，使北元无力再威胁中原，并平定了西南地区，招抚吐蕃。在洪武二十年（1387）冯胜平辽东后，正式完成了全国统一。

然而随着明朝政局的逐渐安稳，统治集团的内部斗争也激烈起来。朱元璋是以武功起家，称帝建国后自然就要给一起打天下的老兄弟们封官晋爵，由于这些人很多出身于淮西，因此史学家将他们称为淮西功臣集团。

后世对朱元璋残杀开国功臣争议颇多，接下来我们将透过明朝最著名的三位功臣的经历，一起回顾明初政治的激烈斗争。

明朝"第一"功臣李善长

"当年萧何有馈饷之功，千载之下，人人传颂，与善长相比，萧何未必过也。"朱元璋曾如此评价李善长。

洪武三年（1370），朱元璋大封开国功臣，将李善长列为开国功臣第一位，大名鼎鼎的徐达、常遇春还要稍居其后。但是出于政治原因，李善长的功绩被明朝有意遗忘了。他辅佐朱元璋成就帝业，地位与萧何相当，但却远没有萧何的自知之明，最终在77岁时被迫自杀，全家七十余口都被拉上了刑场。

那么李善长到底为明朝的建立做出了什么贡献？为何能在开国功臣中排名第一？晚年又为何会落得如此悲惨的下场？我们先把时间线拉到明朝崇祯二年（1629）。此时距离明朝建立已有二百六十一年，距离明朝灭亡还有十五年。

一个名叫李世选的人来到京师，他自称是韩国公李善长的十世孙，是朱元璋长女临安公主与李善长之子李祺的后人，拿着一份据说是太祖皇帝留下来的密诏，讨要爵位。

密诏上写着："敕赐皇亲外孙李盛庆，尔祖善长因国事罚贬去守龙关，二百十六春为民，依数满我封。此旨到京，见主开拆，复忠臣勋爵护国，永远世世不忘。"

此封密诏在朝廷引起了轩然大波，崇祯亲自派人去李世选原籍绩溪调查，按照当地百姓的说法，此人确实是李善长的后人，其家两百年前逃到绩溪落户。但是这封密诏却疑点重重，朱元璋既然决心处死李善长，又怎么会写这样一封诏书呢？

经过多方调查，朝廷认定此封密诏属于伪造，李世选被下狱论死，很快大家就忘了这件事，李世选在牢里待了十年，才被朝廷想起，放还归乡了。

这桩奇案只是明末的一个小插曲。但此案却牵扯出来一桩陈年往事——洪武二十三年（1390）追讨胡惟庸案，又称李善长案。此案是"洪武四大案"中胡惟庸案的一部分，朱元璋以李善长勾结胡惟庸谋反之名，清洗了一大批淮西功臣。三年后的蓝玉案更是大开杀戒，株连甚广。可以说，清算李善长，是朱元璋大规模清洗淮西功臣集团的起点。

李善长，字百室，定远人，出生于1314年，比朱元璋年长14岁。但是出于某些原因，有关李善长早年的家世记载十分模糊，只知道他读了很多书，很有智谋。

至正十三年（1353），朱元璋来滁州募兵时路遇李善长，两人相谈甚欢，李善长用汉高祖刘邦的事迹鼓励朱元璋，朱元璋大喜，觉得此人就是自己的萧何，于是就把李善长收入帐下，让他负责管理文书、后勤等工作。

当时郭子兴对朱元璋心生猜忌，强行索要李善长到自己那里干活，四十多岁的李善长哭哭啼啼地和朱元璋说不愿离开，此事便不了了之。

李善长作为最早跟随朱元璋的幕僚之一，在军中地位举足轻重。淮西武将、文官中有不少都是李善长推荐给朱元璋的。

朱元璋以一隅之地而统一天下，除了有徐达、常遇春等人冲锋在前之外，更离不开李善长在后方管理行政、后勤、粮草等事务，才能让朱元璋放心地攻城拔寨、开疆拓土。相比后世大名鼎鼎的刘伯温，李善长对朱元璋倒是更为重要一些。

然而朱元璋生性多疑，对李善长也不是完全放心，因此他授意杨宪钳制李善长，但李善长老谋深算，杨宪几次都讨不到便宜，不过仗着有朱元璋当靠山，他也丝毫不惧李善长。李善长与杨宪的矛盾，成为日后其仕途的转折点。

至正二十四年（1364），朱元璋称吴王，封李善长为右相国。三年后，朱元璋灭张士诚，准备称帝建国。建国后封李善长为宣国公，位在徐达、常遇春之上。

洪武三年（1370），朱元璋大封开国功臣，李善长晋封太师、韩国公、中书省左丞相，食禄四千石，位列开国功臣之首。命其子李祺迎娶朱元璋长女临安公主。

与此同时，李善长和杨宪的矛盾也达到顶点，杨宪数次在朱元璋面前攻击李善长，还指使言官诬告自己讨厌的官员，比如张昶、汪广洋等人，最终朱元璋勃然大怒，下旨将杨宪处死。根据史料记载，是刘基揭发了杨宪的罪行，但是李善长也很清楚朱元璋对自己的猜忌已经远大于信任。于是他急流勇退，在次年主动上疏要求致仕。

李善长退休以后，胡惟庸走上了前台。他是李善长一手提拔上来的淮西文官，与李善长的弟弟还是儿女亲家，两家关系颇为密切。

因而在洪武十三年（1380）胡惟庸被朱元璋诛杀时，应该怎么处置李善长就成了一个问题。

胡惟庸本人倒是没什么当诛九族的大罪，他的罪名是结党营私，虽然朱元璋后来说他想谋反，然而在洪武十三年之前，朱元璋已经将中书省的权力逐步架空，至于兵权，更是由朱元璋牢牢掌握，一个无兵无权的丞相拿什么谋反呢？所谓谋反的罪名，是朱元璋后来借题发挥，清算淮西功臣时罗织出来的。

作为胡惟庸的伯乐，有人提出应该追究李善长的责任，但朱元璋却故作大方地表示既往不咎，还将李善长称作自己的萧何、张良。然而李善长却远没有萧何的自知之明，不仅没有谨言慎行，反而倚仗自己的声望，继续作威作福。有一次他找信国公汤和借兵给自己修房子，汤和转过头就去报告给了朱元璋。

朱元璋表面不说，心里对李善长却已经非常猜忌。

洪武二十三年（1390），胡惟庸被杀的十年后，在一批被流放边疆的重犯中，有一个叫丁斌的人与李善长有亲，还曾侍奉过胡惟庸。李善长公然插手此事，要求有司释放丁斌。

这一下子就点燃了朱元璋的怒火。朱元璋把李善长的家人抓起来，逼迫他们承认胡惟庸想找李善长一起谋反。

李善长自知大难临头，想找朱元璋求情，但皇帝却将他拒之门外。

李善长绝望之下归家自杀，终年 77 岁。全家七十余口皆被处死。儿子李祺与临安公主夫妻逃过一劫（一说李祺在此之前已死），流放至江浦。除此之外，还有二十家勋贵被列入胡惟庸奸党，或死或废。

这是朱元璋第一次对淮西勋贵集团大开杀戒，但相比三年之后的蓝玉案，这场持续十年的胡惟庸案也不过是个预演罢了。

徐达与常遇春，大明帝国双璧

如果说李善长是朱元璋的萧何，那徐达就是朱元璋的韩信了。至于常遇春，那时候朱元璋还没认识他呢。

徐达和常遇春是明朝最著名的开国名将。然而两人的出身际遇与子孙命运却截然不同，这也反映了在明初的政治斗争中，淮西勋贵的两种不同选择。

徐达，字天德，濠州钟离（今安徽凤阳东北）人，追封中山武宁王。

常遇春，字伯仁，濠州怀远县（今安徽蚌埠怀远县）人，追封开平忠武王。

徐达和常遇春一样，祖上都是平民，名字也是当时常见的数字组合。

徐达曾祖父名徐五四，祖父徐四七，父亲徐六四。

常遇春曾祖父常四三，祖父常重五，父亲常六六。

我们有理由怀疑徐常二人的名字也是后改的。

至正十三年（1353），朱元璋回乡募兵，时年22岁的徐达应召入伍，因为有勇有谋，成为朱元璋最信任的武将。有一次，郭子兴与孙德崖发生火并，朱元璋被孙德崖抓走，徐达不顾自身安危，以自己为人质，换回了朱元璋。

而常遇春的入伙就稍晚一些，他是至正十五年（1355）投奔的朱元璋。徐达在投军之前是农民，而常遇春的职业就很有特点——土匪。明朝官修史书对常遇春早年当过土匪这一点并未讳言，对他加入红巾军倒是加上了一些迷信的色彩。

据说常遇春觉得当土匪没前途，带着十几个兄弟出走，走到半路休息时，突然梦到一个仙人说：起，起，起，主君来了！

常遇春一睁眼，就看到朱元璋向他走来，于是就归附了他。但是当时朱元璋麾下已经猛将如云，常遇春并没有得到重用。在攻打采石时，常遇春一马当先，率先攻占了采石。朱元璋由此对常遇春青眼有加，委以重任。

常遇春的夫人姓蓝，她的弟弟叫蓝玉。出于姐夫的缘故，蓝玉也跟着在军中历练。蓝玉其人也是日后朱元璋的重点清洗对象之一。

常遇春作战勇猛，脾气暴烈，在攻打池州时竟将陈友谅的败军全部活埋了！相比之下，出身农家的徐达就要仁厚很多。徐达小时候没读过多少书，但是有条件了就自学成才，徐达的几个儿女都以博学多才而闻名一时。

至正二十七年（1367），朱元璋消灭张士诚之后，任命徐达为征虏大将军，常遇春为副帅，统率二十五万大军北伐中原，并于次年八月，攻下了元大都，将蒙古皇室赶出了中原。

明军乘胜追击，又攻占了元上都开平，收复了西北多个重镇。

但是在明军从开平班师回京的路上，常遇春突然暴卒，终年40岁。常遇春生前曾夸下豪言，自己带十万兵就能豪行天下，因此在军中得了一个外号"常十万"。从最后的结果来看，此言倒也不虚。但是常遇春万万没想到，他的子孙将会在明初的政治动荡中大起大落，从勋贵沦为阶下囚，直到百余年后才被朝廷重新想起来。

常遇春的死讯传到南京后，朱元璋十分哀痛，亲自出城迎接常遇春的灵柩，并下旨追封他为开平王，谥忠武，葬于钟山之阴。在洪武三年（1370）冬天大封开国功臣时也没忘了常遇春的家人。长子常茂受封为郑国公，食禄三千石，常遇春的正妻蓝氏获封为开平忠武王夫人。至于妻弟蓝玉，由于资历尚浅，没有得到爵位，仅得到大都督府都督金事的世袭职位，不过由于常茂年幼，因而常遇春的嫡系部队都由蓝玉继承。后来朱元璋下旨册封常遇春之女为皇太子朱标的正妃。若是不出意外，常家将会成为未来大明朝最显赫的外戚。当然，最后还是出意外了。

而徐达作为明军中的第一人，不同于其他的武将勋贵对儿女的骄纵，恰恰相反，徐达对子女的教育非常上心，长子徐辉祖有才气，长女徐氏有"女诸生"之称，经由朱元璋做主，嫁给了燕王朱棣。徐达自洪武六年（1373）开始长期驻守北京，直到洪武十三年（1380）迎接女婿燕王来北京就藩。明初的勋贵与藩王通过联姻结成了紧密的同盟，但是他们也没想到，这竟然会成为一道道催命符，而徐家则因为与朱棣结亲的关系，在朱元璋死后躲过了"靖难之役"的残酷清算。

洪武十七年（1384），曹国公李文忠病逝，追封为岐阳武靖王，同年徐达在北平病重，回到南京养病，于次年在南京家中去世。关于徐达之死，野史盛传是朱元璋赐给徐达烧鹅，导致他背疽发作身亡，且不说这有没有科学依据，单说朱元璋本人也没什么理由清算徐达。不过若是徐达多活几年，恐怕徐达的结局就会有很大的不同。

洪武二十三年（1390），朱元璋诛杀李善长，一大批淮西功臣都被列入奸党名单，在受牵连的勋贵里，来头最大的就是卫国公邓镇，他是邓愈之子，因为娶了李善长的外孙女，所以也被牵连致死。

至此，朱元璋分封的开国六公——韩国公李善长、魏国公徐达、郑国公常茂、曹国公李文忠、宋国公冯胜、卫国公邓愈，仅有冯胜还在安稳地当着国公，韩国公和卫国公两家被清算，徐达、李文忠病逝，郑国公常茂因为在冯胜北伐辽东时闯了大祸被削爵流放，由其弟常升继承爵位，改封开国公。但是常升万万没想到，他的命运将会更加悲惨。

除此之外，朱元璋在洪武十一年、十七年、二十一年分别加封汤和、傅友德、蓝玉为国公。

洪武二十五年（1392），太子朱标在北巡归来后病逝，终年38岁，谥懿文，葬于孝陵之东。

朱标的正妻常氏因难产早早去世，长子朱雄英夭折，幼子朱允炆年纪尚幼，仅有12岁。此外，诸王对储君之位也是虎视眈眈。按照传统的宗法伦理，太子死后，应该由太子的儿子继位，但是伦理只是一个规则，现实则有无数的状况。倘若有了宗法伦理就能高枕无忧的话，那古往今来哪有那么多王侯将相宁有种乎的故事。

摆在朱元璋面前的是这么一个局面：朱标的儿子年纪太幼，不能服众，而朱标的弟弟中，晋王和燕王实力最为强大，但是两人关系非常不和，无论立哪一个，另一个都不服。而且无论哪一个上位，按照前朝宗室自相残杀的传统，朱氏的儿孙恐怕也不会善终。那么若是从朱标的儿子中选一个呢？

按照立嫡立长的规则，朱标与常妃所生的朱允熥应是第一顺位继承人，然而朱允熥年纪太小不说，外祖家的势力又太过强大，朱允熥的舅舅开国公常升是常遇春的儿子，而朱允熥的外祖母蓝夫人则是凉国公蓝玉的大姐，若是朱标登基，那么常蓝两大家族会辅佐朱标，但若是十几岁的朱允熥即位，谁敢担保他们不会产生异心呢？自古以来，被外戚抢走皇位的故事可是太多了。

这时年纪稍长的朱允炆走进了朱元璋的视野。朱允炆是朱标的侧室吕妃所生，在父亲的葬礼上表现得极为伤心，引起了朱元璋的注意。经过多方权衡，朱元璋将朱允炆立为皇太孙。为了让孙儿能坐稳皇位，一场血腥清洗难以避免。

洪武二十六年（1393），锦衣卫指挥蒋瓛告发凉国公蓝玉谋反，朱元璋以迅雷不及掩耳之速审理此案，将淮西功臣集团一网打尽，凉国公蓝玉和开国公常升都被处死，蓝氏幸存子孙发配为奴，而常家则被流放到云南。此外，府军前卫的中低层军官也被纳入蓝玉乱党，或死或流，涉案人数达一万五千人。

在蓝玉案之后，开国名将中硕果仅存的宋国公冯胜、颍国公傅友德二人也没有幸免，都被朱元璋下旨赐死。

一百多年后，明孝宗下旨寻找开国功臣后人，常遇春五世孙常复和汤和、李文忠、邓愈的后人一起得到了世袭的指挥使职位，嘉靖年间重新封常家后代为怀远侯，明朝灭亡后，末代怀远侯在园中种菜终老。而徐达的后人则因为与帝系沾亲的关系，分出了魏国公、定国公两大世系，在明朝迁都北京后，定国公迁往北京，而魏国公留守南京，明朝灭亡后，徐家子孙也四散奔逃。

后世对朱元璋屠戮功臣非议颇多，但是我们也需要认识到这些功臣并非只是因为功高震主而招来杀身之祸，在他们之中亦有很多飞扬跋扈、胡作非为之徒。比如永嘉侯朱亮祖诬告知县道同，宋国公冯胜打杀军士，凉国公蓝玉调戏北元王妃，等等。此外，这些勋贵名下都拥有大量的庄田，而且他们还在利用政治特权大肆兼并土地，激化社会矛盾。

在朱元璋看来，淮西勋贵集团日后势必会影响到朱明皇室的统治。然而城门失火，殃及池鱼，在胡、蓝两案中，被牵连进去的中低层官吏、仆役、百姓不可胜数，他们未必和蓝玉有多密切的关系，但却被扣上那些耸人听闻的罪名，或死或流，打入贱籍。

但是历史给朱元璋开了一个玩笑，在他杀完功臣之后，藩王势力又膨胀了起来。随着秦王、晋王相继去世，燕王朱棣成为宗室中实力最强的藩王。在朱元璋死后，一场内战在所难免。

永乐大帝，明朝最鼎盛的时代

元至正二十年（1360），朱棣出生于应天府。明朝官方史书记载，朱棣是朱元璋与马皇后所生。但是自明朝中后期开始，民间对朱棣生母的身份存在各种传说。有人说朱棣的生母是来自高丽的碩妃，也有人说朱棣的生母是元顺帝的妃子。但是不论生母是谁，在大哥朱标死前，没人会相信朱棣以后能当皇帝。

在朱棣 8 岁那年，朱元璋登基称帝，建立明朝，立嫡长子朱标为太子，并分封其他儿子为藩王。朱棣也得到了自己的名字和封号——燕王朱棣。

值得一提的是，朱元璋为儿孙们定下的起名规则颇具特色，自朱棣这一代开始，宗室名字以"木—火—土—金—水"五行部首轮换，而且还为每一支藩王都定了字辈，一个名字只有半个字可以自由发挥，生得早还能有个正常的名字，如果生得晚，再加上本府同辈太多的话，那就只能得到一个奇怪的名字，甚至直接用生造字或者异体字。有时候因为礼部官员疏忽，不仅会出现宗室之间同名的情况，甚至还会出现宗室与皇帝同名的情况。这时候就不得不改名了。比如江西有一位藩王叫朱由校，是朱棣的十世孙，正好和明熹宗同名，为了避讳，他只好把名字改成了朱由木。

按照朱元璋定下的规矩，皇子封亲王（一字王），政治地位"亚天子一等"，亲王诸子封郡王（二字王，靖江王除外）。亲王成年之后要去封地就藩，每个王府都配备三支护卫军队，除此之外，朱元璋还会让亲王节制地方军队。

而朱棣的封地就是昔日的元朝首都大都，大将军徐达攻克大都后，朱元璋将这座古城首次命名为北京。现在的北京市就是朱棣推翻元朝旧城重建的。

16岁那年，朱棣在父皇的安排之下娶了大将军徐达的长女为妻。六年后，他带着妻儿前去北京就藩。

经过元末明初的战乱之后，北方已是一地狼藉，人口稀少，土地荒芜，而蒙古人还时不时南下骚扰，试图卷土重来。身处南京的朱元璋为了更加有效地控制北方，拱卫边塞，就将九个儿子分封到北方边塞重镇，号称"九大塞王"。

朱棣作为九大塞王之一，自就藩北京后每天整军练兵，修城筑墙，时刻准备应对北元南下进犯。洪武二十三年（1390），朱棣首次带兵出塞，讨伐北元太尉乃儿不花。恰逢天降大雪，朱棣带着大队人马冒雪行军，终于抵达了乃儿不花的驻地。

但朱棣并没有急于进攻，而是派指挥观童前去招抚，兵不血刃地让乃儿不花率部归降。朱棣一战成名，朱元璋大喜，对着群臣说："清沙漠者，燕王也，朕无北顾之忧矣。"朱元璋下诏赏赐燕王府一百万锭钞。而朱棣把这些钱全都分给了有功将士。从这里也可以看出朱棣爱护下属，十分注重在军中培养自己的声望。

这在当时的藩王中是比较少见的美德。

作为亚天子一等的天潢贵胄，藩王有着众多特权，再加上朱元璋小时候过得苦，对儿子们非常溺爱，导致很多王爷飞扬跋扈、胡作非为，不论是王府护卫，还是当地百姓，都饱受藩王们的欺压。朱元璋对儿子们的恶行虽然十分恼火，但也仅止步于下旨训斥，而王爷们全当耳旁风，表面唯唯诺诺，背后依旧我行我素。

按照朱元璋定下的规矩，地方官员是没资格管宗室的事情的，由大宗正府（后改名为宗人府）管理宗室事务，最高长官宗人令是朱元璋的二儿子朱樉，左、右宗正分别是晋王朱棡和燕王朱棣。特意多提一句，大宗正府这个机构在明朝存在的时间并不长，在之后的两百年中，宗室请名、册封这类事务都由礼部代劳，而这个机构的消失，和它的长官之一朱棣分不开。

其实朱元璋不是没有想过藩王造反的可能。因而他在分封时对藩王的权力进行了限制，名义上藩王只能统领三护卫，当地行政、军事、税收都由朝廷官员管理，藩王每年固定领取一笔俸禄，考虑到各地经济条件不同，朱元璋还特意封赏了庄田，作为藩王收入的补充。当然，这项制度后来就成为明朝的沉重负担。此外，由于明初北方被破坏严重，朱元璋急需信得过的人在北边军政一把抓，因而封在北边的藩王不可避免地深度参与当地军政。为了平衡藩王势力，朱元璋曾想让王爷们环环相扣，互相钳制，若是一人造反，其他藩王会群起攻之，然而一连串意外打乱了朱元璋的部署，也让燕王朱棣异军突起。

洪武二十五年（1392），太子朱标突然去世，朱元璋在几经权衡之下，立了朱标的儿子朱允炆为皇太孙。虽然没有史料记载朱棣是不是因为立了皇太孙而心生不满，但是几年后的一系列变故在客观上为朱棣争位创造了条件。

洪武二十六年（1393），朱元璋发动蓝玉案，常氏、蓝氏两大勋贵家族被清洗，一起遭殃的还有一大批淮西勋贵。朱元璋想通过清洗淮西勋贵集团来稳定朱家的天下，但是一连串的意外出现了。

洪武二十八年（1395），秦王朱樉被宫人毒害身亡。

洪武三十一年（1398），晋王朱棡暴毙。

燕王朱棣成为事实上的宗室之长，再加上长年领兵出征，不仅积累了相当的军事经验，而且在武将勋贵之中也颇有威望。朱元璋意识到燕王尾大不掉，但是他已经没有时间为皇太孙解决藩王的问题了。

在晋王朱棡去世的四个月后，朱元璋在南京驾崩，享年71岁。皇太孙朱允炆登基，改元建文，重用齐泰、黄子澄、方孝孺推行新政，准备解决尾大不掉的藩王问题。

不久，朱棣的同母弟周王朱橚被儿子告发图谋不轨，建文帝派李景隆去开封将周王一家抓进京城，贬为庶人，流放云南。此时距离朱元璋驾崩也就一个多月。建文帝如此迫不及待地对周王下手，就是想剪除燕王的羽翼，把燕王可能结盟的盟友解决掉。因此与燕王关系最近、品行也不太优良的周王就成了第一个倒霉的。

紧接着又连废齐、湘、代、岷四王。在抓捕湘王时，湘王不想被狱吏羞辱，引火自焚。湘王朱柏在宗室中一向名声不错，如此惨死，让宗室诸王心有戚戚，建文帝恼羞成怒，下旨谥朱柏为湘献王。

燕王朱棣没有坐以待毙，在几个弟弟接连被废黜以后，他就在王府里打造兵器，靠着装疯卖傻让朝廷放松警惕。然而在这紧要关头，却发生了一连串意外，直接让明朝进入内战环节。

燕王府长史葛诚向朝廷告发燕王准备造反，建文帝当机立断，下旨让北京都指挥使谢贵、布政使张昺带兵抓捕燕王府属官。好巧不巧的是，北京都指挥使张信向朱棣告密，称朝廷要上门抓人了。

朱棣连忙在府中埋伏好刀斧手，把谢贵、张昺诱骗至王府杀死，迅速控制了北京全城，以《皇明祖训》中的"朝无正臣，内有奸恶，则亲王训兵待命，天子密诏诸王统领镇兵讨平之"为"法理依据"，正式起兵造反，史称"靖难之役"。

表面看朱棣起兵造反是以卵击石，建文帝坐拥全国，能调动的兵力、粮草是朱棣的十倍不止。然而千军易得，一将难求。朱棣在洪武时期就多次领兵出塞作战，拥有丰富的军事经验，在勋贵武将中颇有威望。反观建文这一方，经过朱元璋的血腥清洗以后，开国勋贵已经所剩无几。

在当时的新生代武将中，地位最高、名望最盛的就是曹国公李景隆。

他和明朝皇室的关系非常密切，李景隆的奶奶是朱元璋的二姐朱佛女，而李景隆的父亲李文忠就是朱元璋的亲外甥。当年朱佛女嫁给泗州人李贞，家境比较宽裕，平时也没少帮衬娘家。

在朱佛女去世后，李贞带着儿子保保投奔朱元璋，当时兵荒兵乱，四处都在打仗，父子两人风餐露宿，好不容易到了滁州，朱元璋看见亲人来到十分高兴，"外甥见舅如见娘"，将外甥保保收为义子，改名为朱文忠，平日带在身边培养。在朱文忠19岁那年，由朱元璋做媒，迎娶了郭子兴另一个义女毕喜女为妻。夫妻二人生子景隆、增枝、芳英，均是朱元璋赐的名。

明朝开国以后，已经改回李姓的李文忠受封为曹国公，位列开国功臣第四，仅次于李善长、徐达、常茂（常遇春长子），他的父亲李贞则被封为恩亲侯。后来朱元璋又觉得哪有父亲的爵位比儿子低的道理，于是又把李贞封为曹国公，父子二人同为曹国公，可见朱元璋对姐夫一家的重视。一方面是亲情的原因，另一方面则是李文忠非常争气，能征善战，为明朝开国立下了汗马功劳。

然而李贞却深感担忧，他曾和朱元璋说：我的孙儿愚钝，还请陛下您多多担待。从最后的结果来看，李贞的担忧也并非全无道理。

李贞于洪武十一年（1378）病逝，追封为陇西恭献王，李文忠则于六年后病逝，追封为岐阳武靖王。然而亲人去世，朱元璋的愤怒却远甚于悲伤。他将给李文忠看病的御医全部处死，负责侍疾的淮安侯华中被流放。在李善长案时，华中被列入胡惟庸奸党而被夺爵。

洪武十九年（1386），李景隆守孝期满，袭爵曹国公，朱元璋在诏书中毫不客气地驳斥李文忠"非智非谦，几危社稷"，让李景隆不要重蹈覆辙。说实话，从李文忠一生的履历来看，真看不出他哪里危害社稷，恰恰相反，他一生为明朝立下了赫赫战功，仅次于徐达、常遇春。朱元璋为何会这么评价自己的亲外甥，我们已不得而知，不过朱元璋对李文忠的不满并没有影响到对李景隆的器重。

李景隆虽然没有上场打过几次仗，但是他在治军统军上颇有一些成绩，讲起兵法也是滔滔不绝，朱元璋曾把"征虏大将军印"赐给李景隆，因而他在当时被视为新生代武将中的领军人物，假以时日必能成为一代名将。而另一位勋贵魏国公徐辉祖就没有那么受重视了，但是这两人在战场上面对燕王军队时却有着完全相反的战绩。

在朱棣起兵造反后，建文帝先派长兴侯耿炳文前去讨伐，然而耿炳文年事已高，根本不是正当壮年的朱棣的对手。在真定之战输给朱棣以后，耿炳文就转攻为守，想要耗死朱棣。但是建文帝却等不及了，在他看来，朱棣不过只有北京一隅之地，如何能敌得过朝廷天兵？

于是他换回耿炳文，让曹国公李景隆率领五十万大军讨伐燕逆，当年徐达、常遇春北伐也不过是带二十五万大军，如今足足多了一倍，无论如何，朱棣这次都断无生机。然而朱棣安插在军中的间谍早把这个情报送到了北京。朱棣不以为然："李九江豢养之子，有什么本事能带五十万大军？"说完，他就把北京城交给王妃和世子，率师去宁王那里借兵。

宁王朱权是朱元璋第十七子，生母杨氏，洪武二十六年（1393）

就藩大宁（今内蒙古宁城县），时年16岁。大宁东连辽东，西接宣府，是明朝的军事重镇之一。

宁王朱权在当时一众藩王中实力非常强大，带甲三万，革车六千，旗下还有朵颜三卫能征善战。除此之外，宁王其人也是文武双全，精通音律、文学、戏曲等领域，时人有"燕王善战，宁王善谋"之称。

但是宁王毕竟年轻，比建文帝还要小一岁，若是玩起阴谋诡计，哪能玩得过朱棣。他见四哥前来借兵求救，十分警惕，只让燕王一个人进城。

燕王也没生气，一边和宁王谈自己是如何如何"被逼造反"，一边让手下去买通朵颜三卫，见时机成熟，朱棣就将宁王强行绑到了自己这条船上，还向宁王承诺"事成当中分天下"，朱权自然是不相信这套鬼话的，但他也知道，若是没有四哥造反，那么他的结局肯定也不会好到哪里去。

此时北京已经被李景隆包围了一个月，城中无论男女老少都奋力守城。由于北伐大军是从南方各地守军中拼凑而来，并不适应北方苦寒的气候，再加上没有过冬衣物，虽有五十万之众，一时间也难以轻易攻克北京。

除了这些原因，李景隆的指挥无能也是南军无法攻克北京的重要原因之一。都督瞿能曾攻进北京的一个城门，可李景隆却担心瞿能抢功，强令让瞿能父子退出来，而燕军一边打一边把城门修好，南军功败垂成，而朱棣也带着朵颜三卫回来了！

李景隆匆匆忙忙地排兵布阵，准备迎战燕军，可是经过北京攻城战的消耗，五十万大军早都成了强弩之末，哪能打得过朱棣带回的生力军。

接下来发生的事情就非常玄幻了。当时已是农历十一月，天气严寒，刚下完大雪，白河河水结冰，燕军顺利从冰上过河。而李景隆帐下都督陈晖带军追击时，白河又突然化冻，淹死无数南军士兵，陈晖仅以身免。燕军在郑村坝击溃了李景隆大营，连破七座营寨，李景隆连夜撤退，留下粮草辎重无数。

次年春天，李景隆又试图从德州北上进攻北京，又在白沟河遭遇惨败。燕军乘胜追击，一路打到济南城下。李景隆跑得无影无踪，而燕军士气正盛，然而就在这济南城下，朱棣遭遇到起兵以来最大的挫折。

济南城高池深，燕军围困三月一无所得，其间燕王还差点因诈降计而丢了性命，道衍从北京送来手信："师老矣，请班师。"朱棣只好撤军回去。

在几个月后的东昌之战中，朱棣遭遇到他一生中最大的失败——燕军被南军包围，死伤惨重，大将张玉战死，朱棣仅以身免，逃出生天。

之后的战局陷入胶着，朝廷无法打败燕王，而燕王也始终无法经过山东，向江南进军。所占据的城池仅有北京、保定、永平三地。

若是一直这么消耗下去，那建文帝的赢面还是很大的，毕竟他坐拥全国，能调配的粮饷兵源都是燕王的数倍乃至数十倍。然而高坐于皇位之上的建文帝也是有苦说不出。

内战打了三年，百姓苦不堪言，作为靖难战场的最前线，河北、山东等地破坏严重，而南军却始终无法打败燕王，反而因为突然刮风而溃不成军。

说起来在靖难之役中，老天爷似乎一直向着燕王，前文提到燕军过河时河结冰，南军过河时河化开，每次激战正酣时又突然刮起大风，难道朱棣会呼风唤雨？其实这种记载并不一定是事实，而是明朝史官的有意为之，以此表示朱棣"奉天靖难"的合法性，至于实际战况如何，早已在玄之又玄的记载中看不出本来面目了。然而燕军就算有上天的"帮助"，也无法占据更多城池，双方陷入僵局。

既然老天爷指不上，那就只能指望一个特殊群体了。没错，就是宦官。

在整个靖难之役中，朱棣在朝廷内外安插了大量间谍，比如驸马都尉王宁、左都督徐增寿（徐达之子，燕王妃徐氏的弟弟）都曾为燕王传递消息，就连宫里的宦官也有燕王的眼线。情报的单方面透明，是建文帝一方在靖难之役中最大的劣势之一，而且还将改变整个战争的局势。

由于粮草、兵源日渐枯竭，建文帝只好将南京城的守军派往前线，以此遏制燕王的攻势，这一机密情报被内官传递到燕王这里。朱棣与道衍商议后，决心经徐州径直南下，不再攻打沿途州县，直奔南京而去。只要拿下南京，其他地方就能传檄而定。

这个计划其实非常冒险，但是燕王还是决心赌上所有家底，孤注一掷。建文三年（1401）冬天，燕王朱棣率师南下，直奔南京而去。在灵璧之战中，朱棣彻底击溃了朝廷大军，俘虏了盛庸、平安等人，朝廷自此再无一战之力。沿途守军也不再抵抗，纷纷倒戈投降，燕军很快就推进到了长江边上。

负责驻防长江的水师都督陈瑄向燕王投降，燕军顺利渡江，兵临南京城下，朝廷震动！建文帝派宗室勋贵前去燕军大营议和，但是朱棣却做出一副大明忠臣的模样，要建文帝交出黄子澄、齐泰等"奸臣"，建文帝自然是不会答应的，因为他很清楚，所谓"清君侧"只是朱棣想夺位的一个幌子，一旦清完了"君侧"，那下一个清的就是君了！

燕军远道而来，粮草并不充裕，而南京城高池深，建文帝觉得只要坚守几个月，等到勤王大军赶到，燕军就会不攻自破。然而建文帝还是高估了自己的影响力，此时满朝文武都是各怀鬼胎，都想着改朝换代时拿到一份从龙之功。除了少数接受儒家正统教育的文臣之外，已经没有多少人还愿为建文帝效忠了。

建文四年（1402）六月，曹国公李景隆和谷王朱橞打开南京金川门，迎接朱棣入城。建文帝引火自焚，从此消失得无影无踪。有人说他是死在了大火中，有人说他逃到了海外，也有人说他出家当了和尚，但是不管怎样，建文帝在政治上确实是个死人了。

朱棣正式登基称帝，改元永乐，废除建文年号，将一切政令恢复到洪武时期，大肆清洗忠于建文帝的文官，对投降的武将先行安抚，待政权稳固之后又将他们相继逼死。为了铲除异己，朱棣任命陈瑛为都察院左都御史，纪纲为锦衣卫指挥使，一个负责纠劾百官，一个负责侦缉刑狱。而这两人的结局却也和他们所迫害的人一样，一个在永乐九年被下狱论死，一个在永乐十六年被凌迟处死。

除了铲除异己，朱棣还要解决藩王问题，在他登基后，周、代、齐、岷四王被放出，还下旨为惨死的湘王操办后事，并对宗室诸王多加封赏。后来又以藩王不法为由相继削除护卫，在保证物质待遇和政治地位的同时，削除藩王的实际权力。这种软性的削藩政策并不是由朱棣一人完成，而是直到明宣宗时期才彻底解决藩王危及中央的问题。

藩王政策也带来了相当大的后遗症：藩王通过超经济特权兼并土地，侵蚀明朝税基，再加上宗室人口越来越多，地方府衙无力负担，导致底层宗室生活艰辛，引发了一系列社会治安问题。

为了扩展朝贡贸易，沟通异域番邦，宣扬大明国威，朱棣决心派遣船队出使西洋。自永乐三年（1405）开始，郑和率船队七次出使西洋。根据史料记载，第一次下西洋的随船士兵有两万七千八百多人，大船六十二艘，长四十四丈、宽十八丈，是当时世界上最大的海船。

郑和下西洋途经三十多个国家和地区，足迹遍及东南亚、印度、阿拉伯半岛和东非红海沿岸，是中国古代规模最大的海上航行，也是欧洲的地理大发现之前世界历史上规模最大的一系列海上探险。

为了彰显自己的文治武功，朱棣下旨修撰《永乐大典》，这是集古代典籍大成的中国古代第一大类书，全书总计22937卷，收录图书七八千种，但是出于战乱等原因，保存至今的只有几百卷而已。

鞑靼人南下犯边，朱棣派邱福率十万大军北征，结果因轻敌全军覆没，朱棣大怒，将邱福全家流放海南。在次年御驾亲征，率五十万大军出征漠北。

朱棣在当燕王时就积累了丰富的作战经验，又有靖难之役的磨炼，面对鞑靼骑兵游刃有余，在斡难河击败了鞑靼大汗本雅失里，大获全胜。然而另一支蒙古部落瓦剌的势力不断壮大，朱棣再次率军出征，在忽兰忽失温大败马哈木，朱棣甚至亲率骑兵冲锋在前。

永乐十八年（1420），经过多年准备，北京城终于营建完成，朱棣下旨迁都北京。虽然在朱棣死后，明朝一度想迁回南京，但最终还是留在了北京。

在迁都北京之后，朱棣的身体越来越差，闭门不出，平日政务都交给太子打理。然而就算如此，他也没忘了北边的蒙古人，在朱棣生命中的最后三年，他每年都会出征漠北，但是蒙古人一听说明军要来，就逃得无影无踪。

朱棣在第五次北征归途中去世，终年 65 岁，庙号太宗，葬于北京明长陵。

龙场悟道，绝境成圣

王守仁，字伯安，号阳明，世称阳明先生，浙江余姚人，出生于1472年。其父王华当时只是一个诸生，考了几次举人都没考中，虽然家境还算殷实，但也要靠外出教书，补贴生计。

在王守仁9岁那年，父亲王华终于考中举人，并在次年的会试、殿试中金榜题名，高中状元。王守仁也跟随父亲从余姚来到北京生活，打开了新世界的大门。

来到北京以后，王守仁没有闷在家里读书，而是混迹于佛寺、道观等处，还喜欢骑马射箭、斗鸡玩狗。听说北直隶有农民起义，还要上书向明宪宗献策。王华见儿子整日不务正业，连忙找来老师，让他安心读书。但是王守仁读着读着就对格物之学产生了疑惑。

明朝以程朱理学为显学，朱熹认为世间的一草一木都蕴含至理，于是王守仁就身体力行地找了一根竹子想探索一下天地至理。结果他在院子里看了七天竹子都没看出什么真理，反而还大病一场。少年的王守仁这才明白，只是在家空想是当不了圣贤的。

21岁那年，王守仁首次参加乡试中举，然而在京城会试中落榜。首辅李东阳鼓励他，这次考不中，下次一定能中状元。但是下一次科举他也没考中。直到 28 岁那年王守仁终于考中了进士，位列二甲第七名。

在此期间，他开始留心军事兵法，寻访了会稽山的阳明洞，并为自己起了一个别号"阳明山人"，"王阳明"之称由此而来。

此时王阳明的父亲王华已经官至詹事府少詹事，主要任务是给太子讲课。这本来是个很有前途的职业，但若是碰上这位太子，那可就不一样了。

没错，他就是明朝最爱玩的太子朱厚照，不久之后就会成为明朝最爱玩的皇帝。

1505 年，明孝宗朱祐樘驾崩，时年 15 岁的太子朱厚照登基，改元正德，以刘瑾为首的八虎太监大肆插手朝政，引起文官集团的强烈不满。六部九卿联名上书弹劾，但是朱厚照却站在了八虎这一边。内阁元老谢迁和刘健深感失望，辞官归乡。南京科道官戴铣等人愤愤不平，纷纷上书弹劾刘瑾。刘瑾决意把他们抓到北京问罪。

时任兵部武选司主事的王阳明上书求情，讽刺刘瑾是权奸，结果被打了四十板子，贬到贵州龙场当驿丞。父亲王华也被赶出北京，调任南京吏部尚书。

在前往龙场途中，刘瑾派人暗杀王阳明，王阳明假装跳水自尽，躲过了追杀。

当时龙场还是蛮荒之地，到处都是荒山野岭，条件非常艰苦。王阳明到了龙场以后，没有心灰意冷，而是反思自己这些年的遭遇，对"圣人之道"有了新的感悟。圣人之道，来自本心，而不是来自外物。王阳明提出了"心外无理，心外无物""致良知"以及"知行合一"，主张将心中固有的天理贯彻到客观事物中去。

继陆九渊之后，王阳明又一次将心学发扬光大，后世将其合称为"陆王心学"。

三年后，王阳明从贵州调到江西当知县，在刘瑾倒台后，王阳明重新回到中央。1516年，兵部尚书王琼推荐王阳明去巡抚江西。当时的江西中南部到处都是占山为王的盗贼，四处劫掠百姓，甚至到了聚众攻打州县的地步。王阳明一到任，就开始着手剿匪。他策反了给叛军送信的奸细，得到了叛军的行动情报，联合福建和广东的军队，征讨叛军，连获大捷，解决了困扰江西十年的匪患。

然而一群强盗是怎么壮大到这种地步的呢？王守仁敏锐地意识到在这些匪患的背后，一定还有一个幕后黑手。

当时江西分封有三位亲王——宁王、淮王、益王，其中淮王和益王都是朱棣的直系后代，而宁王这一支就有些特殊了，因为他的祖先是被朱棣坑到江西的！

当初燕王朱棣造反，把弟弟宁王朱权拉过来当帮手，承诺事成以后中分天下。然而等到朱棣登基后，就把宁王改封到了江西南昌，心情郁闷的宁王在南昌闭门著书。等到朱权的孙子的孙子朱宸濠继任宁王时，他主动结交朝中权贵，还包庇当地的盗匪，暗中招兵买马。当时已经有不少官员向朝廷告发宁王有不轨之心，可是上报的奏章全被扣了下来。

1519年，宁王朱宸濠起兵造反，攻打安庆。王阳明收到消息后立刻集结兵马平叛，仅用了三十五天就俘虏了宁王一家。然而真正麻烦的事还在后面。

朱厚照一听说宁王造反，就兴致勃勃地要去平叛，走到半路得知叛乱已平后非常失望。朱厚照身边的宠臣出了一个馊主意，让王阳明把宁王放了，让皇帝再抓一次。

王阳明哭笑不得，把宁王交给了太监张永，然后急流勇退，称病回家。

不久，朱厚照因落水重病，在1521年驾崩，庙号武宗。新登基的明世宗朱厚熜加封王守仁为新建伯，但是一直没有重用他。

父亲王华去世后，王守仁回乡守制，在绍兴创建阳明书院，教授心学。当时阳明心学的名气已经非常大了，门下弟子众多，很多人都慕名而来，倾听阳明先生的教诲。但是明世宗朱厚熜对心学的态度却非常冷淡。

1527年，广西叛乱，朱厚熜起用王阳明前去平叛。时年56岁的王阳明患有严重的肺病，在叛乱平定之后，他多次上疏请求回乡，但是一直没有得到回音，实在等不及的王阳明踏上了回乡的旅程，然而在途经江西青龙港时病逝于舟中，临终留下遗言："此心光明，亦复何言！"

孤勇者张居正：明朝的中兴与改革

张居正，字叔大，号太岳，湖北荆州人。因出生于江陵县，所以被称为张江陵。

张居正自幼就非常聪明，是当地远近闻名的神童。23岁时以二甲第九名的成绩金榜题名，之后又被选为庶吉士。在明朝中后期，庶吉士又被称为储相，当时的内阁大学士几乎都是庶吉士出身。

但是张居正的志向却不止于此。当时正是明世宗嘉靖年间，皇帝躲在西苑炼丹修道，严嵩父子结党营私，把朝廷弄得乌烟瘴气。张居正深感不满，然而他年纪太轻，如何能斗得过老谋深算的严嵩？这时候另一位内阁重臣徐阶向他抛出了橄榄枝。

在徐阶的指导下，张居正在翰林院潜心读书，他见朝政腐败、边防废弛，忍不住出言进谏，然而把奏章递上去以后，就如泥牛入海，再也没有回音。

1562年，掌权二十年的严嵩终于被徐阶扳倒，三年后，明世宗下旨将严嵩之子严世蕃处斩，并将严嵩抄家。

时年40岁的张居正也被徐阶推荐给裕王朱载垕并为其讲课。朱载垕是明世宗最年长的儿子，未来的皇位接班人，他和侧妃李氏生了一个儿子朱翊钧，也就是后来的万历皇帝。张居正入裕王府讲课后，就认识了这个古灵精怪的小皇孙。

1566年，明世宗朱厚熜驾崩，裕王朱载垕登基，张居正作为从龙之臣也顺利地入阁辅政。而首辅徐阶与高拱的矛盾却日益尖锐起来。在朱厚熜死讯传来时，徐阶作为首辅第一时间得到消息，于是甩开包括高拱在内的内阁同僚，找来张居正帮忙撰写遗诏。

高拱知道以后非常恼火，从此就将徐阶和张居正视为政敌。而徐阶也不甘不示弱，找了个机会把高拱斗倒，迫使他辞职回家。没过几年，高拱再次入阁，报复了在家乡养老的徐阶，坐上了首辅之位。

张居正冷眼看着内阁的政治斗争，他知道自己早就被高拱记恨上了，如果不做出反击，那下一个倒霉的就是自己。

这时候太监冯保的出现，让张居正看到了一个突破口。冯保掌管东厂，与高拱不和。张居正主动结交冯保，两人一起谋划驱逐高拱。

1572年，明穆宗朱载垕去世，只有10岁的皇太子朱翊钧继位，改年号万历。由于年纪太小，所以日常政务都交由内阁处理。而张居正与高拱的政治斗争也进入白热化的阶段。

冯保向李太后进言，说高拱对小皇帝不敬——"十岁孩童，如何能治天下？"李太后一听就生气了，下旨把高拱赶出了北京。

张居正胜利了，但这还远远不够。在次年的王大臣案中，张居正和冯保试图罗织大狱，让高拱一家永世不得翻身，但是最后因为王大臣临时翻供而草草了事。

至此，再无人能威胁到张居正的地位了。自明世宗朱厚熜赢得大礼议开始，明朝就开始推行革新，革除了前代弊政，使明朝焕发了新活力。然而随着朱厚熜沉迷修道，纵容严嵩父子乱政，政治风气逐渐败坏，边防军事荒废，社会矛盾日益严重。

　　张居正掌权后，继续推行改革，为了整顿吏治，清理贪官污吏，他推出考成法，严格审查各地官员是否遵纪守法，有效执行朝廷政令，裁撤了一大批冗官冗员。

　　在整顿官员队伍的同时，张居正也没忘了国防大事，他重用戚继光、王崇古、李成梁等名将，整顿边务，与俺答汗互市，解除了明朝的边防危机。

　　1577年，张居正要求各地重新清查土地，为改革税制做好准备。四年后，张居正开始推行"一条鞭法"。所谓一条鞭法就是将百姓要承担的徭役、税粮全部折成银子，这样既方便了朝廷收税，减轻了百姓负担，也让国库收入大幅增加。一条鞭法在嘉靖以前就在一些地方试点实行，到了张居正这时候才在全国推广。

　　张居正的改革有效缓解了明朝的社会矛盾，给明朝又续命几十年。然而随着掌权日久，他也日益专横起来，对政敌肆意打击。他甚至还说过这样一句话："吾非相，乃摄也。"这句话要是传到小皇帝万历耳中，不知道他会作何感想。然而张居正权势再大，也有个无法撼动的东西——礼法。

　　也就是在张居正要求清查土地的那一年，张居正的父亲去世。按制张居正要回乡守孝二十七个月。张居正自然是不愿离开官场的，于是他想到了夺情。所谓夺情就是由皇帝下旨让张居正继续工作，这本来也没啥困难的，万历才 15 岁，哪能应付得了那些铺天盖地的奏章，于是他下旨要张居正继续留守岗位。然而谁也没想到这个旨意竟成了一个导火索，点燃了文官集团的怒火。

他们早就对张居正的专横非常不满，见张居正连回乡守孝都不愿意，心中都非常愤怒，于是搬出各种圣贤书大道理把张居正说得十恶不赦。

万历哪见过这架势，而张居正则饱经骂战，把上书的人都打了板子，然而父亲死了，作为儿子不回乡守孝怎么也说不过去，于是张居正做出让步，回乡守孝四十九天，算是了结此事。但是此事的后遗症非常严重，这将在张居正死后显现出来。

1582 年，张居正病重，万历特别下旨将张居正晋升为正一品太师，成为明朝极为罕见的文官活太师。九日后，张居正去世，终年 58 岁，谥文忠。

半年后，文官集团纷纷上书弹劾张居正，万历下旨将张居正抄家。前去抄家的锦衣卫不仅把张居正的家产洗劫一空，还逼张居正的家人再交出"藏匿"的二百万两白银，张居正的长子不堪受辱，自杀身亡。事情闹大以后，万历连忙叫停。一代名臣身后竟落得如此下场，不知道张居正生前是否预料到了。

百战雄狮郑成功：南明最后的脊梁

17世纪，欧洲的殖民者开始在亚洲、非洲、美洲建立殖民地。1602年，荷兰东印度公司成立，开始在东南亚进行殖民侵略。此时的明朝江河日下，朝廷党争不休，而江南等富庶地区却是一片浮华之景。在这样强烈的反差之下，明朝走向了末日。正是在这改朝换代、国破家亡之际，郑成功挺身而出，驱逐了荷兰殖民者，成为南明最后的脊梁。

郑成功本名福松，泉州南安人，1624年出生于日本九州平户藩。其父郑芝龙是往来于中日之间的海上走私头目，后归顺明朝，任"五虎游击将军"，他在日本迎娶了田川松为妻，即为郑成功之母。

明末福建连遭旱灾，郑芝龙组织当地的饥民迁徙至台湾垦荒定居。台湾土地肥沃，但是南部却被荷兰东印度公司占领。荷兰殖民者觊觎福建沿海，但是几次都被郑芝龙打败。

郑成功童年时随母亲在日本生活，郑芝龙归顺明朝后，将儿子接回福建读书。21岁那年（1644），郑成功前往南京国子监读书，拜钱谦益为师。名字也从郑福松改为郑森，意为深沉整肃，丛众茂盛。钱谦益还给他起了大木为字。

此时立国二百七十六年的大明王朝已经来到了生死存亡的时刻。在郑成功来南京读书的这一年，李自成攻入北京，崇祯帝上吊自杀。不久，吴三桂引清军入关，李自成大败而逃。江北四镇拥立福王朱由崧为皇帝，改元弘光。

弘光政权仅坚持了八个月就投降了清军，江南沦陷。郑芝龙随即在福建拥立唐王朱聿键为帝，史称隆武帝。朱聿键是朱元璋第二十三子朱桱的后人，与帝系血缘非常疏远，因而在宗法上难以服众，与鲁王朱以海冲突不断。

郑成功心怀报国热情，发誓要恢复明朝河山，隆武帝对他非常赞赏："惜无一女配卿，卿当忠吾家，勿相忘也！"赐名朱成功。朱是明朝国姓，百姓们因此尊称他为国姓爷。

郑芝龙只想割据福建，而隆武帝志在北伐，这样的分歧也导致郑芝龙对隆武帝心生不满。恰巧洪承畴派人对郑芝龙许以高官厚禄，竟让郑芝龙归顺了清朝。郑成功带兵出走金门。不久，清军攻打郑成功的家乡南安，郑成功之母田川松自杀。郑成功大受刺激，更加坚定了抗清的决心。

1646 年，隆武帝朱聿键遇害，隆武朝臣拥立唐王朱聿𨮁登基，是为绍武帝。而桂王朱由榔也在广东登基，他是明神宗之孙，史称永历帝。

南明又一次陷入内讧之中，一个月后，绍武帝遇害，永历帝成为南明遗臣宗室公认的皇帝。1649 年，郑成功尊奉永历为正统，被永历朝廷封为延平王。郑成功率军在福建与清军作战，整合了郑氏与鲁监国残部的力量，实力日渐壮大。

清朝试图招抚郑成功，郑成功故意开出很高的价码拖延时间。1655年，清廷终于发现被郑成功耍了，恼羞成怒，派三万大军攻打厦门，次年，郑成功大败清军。

虽然郑成功一直在福建作战，但却一直没有忘记北伐的初心。他在1653年、1654年派张名振、陈辉两入长江，遥祭孝陵而归。

1658年，郑成功见清军主力集中于西南围攻李定国，于是率军前往浙东与张煌言会师，准备北伐，因遭遇飓风而损失惨重。

次年，郑成功再次与张煌言会师北伐，一路上攻城拔寨，势如破竹，仅用三个月就打到了南京城下。但是迟迟没有攻城，而是接收周边的州县。十几天后，清军援军到来，郑成功战败，无奈撤军，之前占领的江南城池也相继放弃。

郑成功元气大伤，而且粮草供应也出了问题。为了找一个更合适的抗清根据地，郑成功决心夺回被荷兰占据的台湾岛。不久，服务于荷兰东印度公司的何廷斌投奔郑成功，向他献上了台湾的地图。

1661年，郑成功率军迎着狂风骤雨艰难渡海，抵达台湾岛。当时台湾除了土著高山族外，还有郑芝龙从福建迁徙到台湾的汉人。他们饱受荷兰殖民者的压迫，见到郑成功前来十分高兴。荷兰人以为中国人只要听到枪炮的声音就会仓皇逃走，结果却被郑成功打得狼狈不堪。

郑成功在致荷兰总督的招降书中说："台湾者，中国之土地也，久为贵国所踞，今余既来索，则地当归我……"郑成功攻破了荷兰人建造的普罗文查城堡，包围了荷兰人的大本营热兰遮城堡。荷兰人增兵支援，与郑军展开激战。这场大战最终以荷兰人的失败而告终。荷军首领考乌逃走，军心大乱。热兰遮城堡内的荷兰人见大势已去，只好与郑成功讲和。

1662年2月1日，荷兰人签署投降书，撤离台湾。号称"海上马车夫"的荷兰人就这样被郑成功赶跑了，结束了在台湾三十八年的殖民统治。

在郑成功与荷兰人作战期间，父亲郑芝龙被清朝处死，郑氏祖坟也被清朝掘毁。郑成功心力交瘁，在赶走荷兰人之后，又接连传来永历帝遇害的噩耗和儿子郑经与乳母的丑闻。不久，郑成功暴病而亡，终年39岁。

第八章

大清王朝：

最后的皇族

清朝，中国历史上最后一个封建王朝，君主专制达到顶峰，然而在西方的冲击之下，却显得那么古老而腐朽。那么清朝为何由盛转衰？本章我们将讲述清朝国力最强大的时期——康乾盛世，以及清朝晚期由慈禧太后掌权时期，一起看看清朝由盛转衰，直至灭亡的过程。

有胆识、有业绩的康熙帝

1654 年，爱新觉罗·玄烨出生于北京紫禁城景仁宫，是清世祖顺治皇帝的第三个儿子，生母是孝康章皇后佟佳氏。

玄烨出生不久为了躲避天花被送到宫外抚养，直到感染天花痊愈后才被送回宫中，因而没有得到父母太多的关爱，这也让日后的康熙感到十分遗憾。

玄烨的母亲佟佳氏当时只是一位不得宠的庶妃，而他的父亲顺治帝把全部的目光都汇聚在董鄂妃身上。在董鄂妃去世后的次年，顺治皇帝因感染天花病逝。当时顺治帝诸子都很年幼，传教士汤若望建议选择玄烨为继承人，因为他已经感染过天花，对天花具有免疫力。于是时年仅 8 岁的玄烨登基为帝，改元康熙，由四大臣索尼、苏克萨哈、遏必隆、鳌拜辅政。

两年后，皇太后佟佳氏病重不起，年幼的玄烨日夜照顾，亲尝汤药，但却没能挽回母亲的生命。玄烨非常伤心，昼夜守灵，水米不进，哀哭不停。幸好还有孝庄太皇太后悉心教导玄烨。在祖母的用心教育之下，年幼的玄烨成长为一位好学、英明的皇帝。

当时的辅政四大臣中，以鳌拜最为跋扈。1667 年，索尼病逝，

14 岁的康熙帝亲政，而鳌拜却没有丝毫放权的举动。另一位辅政大臣苏克萨哈主动表示辞职去位，然而还没等皇帝表态，鳌拜就给苏克萨哈捏造出了一大串罪名,给他判了死罪。康熙帝坚决反对，但是鳌拜一意孤行，最终还是处死了苏克萨哈。

自此以后，鳌拜的气焰更盛，使得康熙帝对他十分恼火，君臣二人明争暗斗，互不相让。为了扳倒鳌拜，康熙帝在宫中训练侍卫，做"布库"之戏（摔跤）掩人耳目。1669 年，康熙帝召见鳌拜，让侍卫们当场拿下鳌拜，随后列出鳌拜三十条大罪，铲除了鳌拜的党羽，彻底将朝政大权握于己手。

在铲除鳌拜之后，康熙帝下令整顿吏治，停止圈地，恢复内阁翰林院，严禁买良民为奴。但是很快，康熙帝就要面对自己亲政以来最大的危机——三藩之乱。

所谓的三藩指的是平南王尚可喜、靖南王耿精忠、平西王吴三桂，他们分别镇守于福建、广东、云南。其中以吴三桂实力最强，功劳最高。为了笼络吴三桂，清廷还将皇太极的小女儿嫁给了吴三桂的儿子吴应熊。

1673 年，平南王尚可喜因为与儿子不和，自请返回辽东，康熙帝借机要求尚可喜撤藩。不久，吴三桂和耿精忠也请求撤藩。这自然是在试探清廷。康熙帝认为吴三桂迟早都会造反，于是就下旨让吴三桂与耿精忠撤藩，还派使臣前去接收。

结果，吴三桂果然起兵造反，自称周王，耿精忠也起兵响应，迅速席卷了云贵湖广等地。康熙帝被打了个措手不及。然而这时的吴三桂已经年老，虽然兵锋正盛，但却迟疑不前，康熙帝下旨处死了吴应熊父子，派出数路大军反击吴三桂，陆续收回了失地。

1677 年，耿精忠、尚之信（尚可喜之子）投降清朝。吴三桂穷途末路，在次年草草称帝登基，不久就暴病而亡。其孙吴世璠兵败自尽。而尚之信、耿精忠等人也相继被清廷处死。三藩之乱平定。

在三藩之乱彻底平定后，水师总督施琅统领水师两万、战船三百艘出征台湾，在澎湖之战中歼灭了郑氏军队的精锐。郑成功之孙郑克塽投降，台湾平定。清朝在台湾设立了一府三县，将台湾纳入中央王朝的管辖之内。

在平定台湾的同时，康熙帝没忘记在清朝的北面还有一个强大而可怕的邻居——俄国。自 17 世纪以来，沙皇俄国不断向东扩张，蚕食着黑龙江流域，并且建立了城池据点。1683 年，康熙帝下令驱逐沙俄侵略者，将俄国人建立的据点焚毁，仅剩雅克萨一座孤城。但是俄国人依旧在当地劫掠。被清军赶跑两年后，沙俄卷土重来，康熙帝派兵包围雅克萨，远在莫斯科的摄政王索菲娅下令撤军，1689 年与清朝划定边界，签订了《尼布楚条约》。

饱受沙俄威胁的同时，准格尔部的势力也日渐强盛起来。准格尔首领噶尔丹吞并了漠北喀尔喀蒙古，喀尔喀三部向康熙帝求援。噶尔丹率军追杀到漠南，康熙帝亲率两路大军征讨噶尔丹，噶尔丹大败，跑回了老家。1695 年，噶尔丹卷土重来，再次进攻喀尔喀，康熙帝出兵十万，分三路进攻噶尔丹，噶尔丹之兄与清廷合作，袭取了哈密。噶尔丹腹背受敌，于次年暴病而亡。

在康熙帝第一次亲征噶尔丹归程中，康熙帝突然生病，召太子侍疾。皇太子胤礽见父皇生病，毫无忧色，导致康熙帝非常不满，埋下了日后九子夺嫡的祸根。

所谓九子夺嫡指的是大阿哥胤禔、太子胤礽、三阿哥胤祉、四阿哥胤禛（雍正帝）、八阿哥胤禩、九阿哥胤禟、十阿哥胤䄉、十三阿哥胤祥、十四阿哥胤禵（后改名胤祯）为争夺储君之位而进行的激烈的政治斗争。清朝从立国以来，每一任君主去世，都没有直接指定继承人。而是由王公贵族推举。康熙帝亲政以后，就想效仿汉人制度，立皇后赫舍里氏所生的胤礽为皇太子。

但是随着胤礽年龄渐长，他与康熙帝的关系也日渐紧张起来。1698 年，康熙帝册封大阿哥胤禔等人为王，并让他们参与管理国家政务，这让皇太子胤礽深感威胁。

五年后，康熙帝赐死了索额图，理由是他帮助太子图谋大事，这更让太子十分不满——古今天下，岂有四十年太子乎！

父子之间的矛盾最终在 1708 年达到顶峰，康熙帝下旨废去胤礽的皇太子之位，这不但打击了胤礽，而且让其他儿子的心思都活泛起来。大阿哥胤禔甚至鼓动康熙帝杀掉废太子，让康熙帝十分恼火，一怒之下把他削爵幽禁。

大阿哥出局之后，八阿哥胤禩成了最热门的太子人选，生性多疑的康熙帝觉得受到众人拥戴的八阿哥远比废太子胤礽更危险，于是他又下旨复立胤礽为太子。

经过这么一轮折腾，胤礽非但没有吸取教训，反而与八爷党互斗了起来，双方针锋相对，互不相让。而朝中大臣也不约而同地各自选边站队。

康熙帝觉得造成这种混乱局面的罪魁祸首是胤礽，于是在1712年再次废了太子，之后再未指定继承人。而作为皇位最热门人选的八阿哥在两年后又遭遇了"毙鹰事件"；原来胤禩在祭奠完母亲之后托人给父皇捎了两只猎鹰作为礼物，但是这两只猎鹰送到康熙那里时已经奄奄一息，康熙帝大怒，召集众人大骂了胤禩一通，还说"自此朕与胤禩，父子之恩绝矣"，彻底断了胤禩当太子的念想。

胤禩见自己再无可能继位之后，转而支持十四阿哥胤祯。胤祯与四阿哥胤禛是同母所生，但是关系却势如水火。1718年，康熙帝命十四阿哥胤祯出征西北，称大将军王，同时对四阿哥胤禛也颇为重用。三年后，胤祯凯旋。此时康熙帝的生命即将走向尽头，但他还是再次将胤祯派往西北。

1722年，康熙帝在北京畅春园病逝，终年69岁，庙号圣祖。四阿哥胤禛即位，是为雍正帝。

宫斗 MVP，清朝最勤政的雍正帝

爱新觉罗·胤禛出生于 1678 年，生母是德妃乌雅氏，按照清宫制度，胤禛没有在生母身边长大，而是被送给皇贵妃佟佳氏抚养。

胤禛生性沉稳，善于韬光养晦，21 岁时被封为贝勒，参与管理国家政务。在一众兄弟为了争夺储位而斗得头破血流之时，胤禛却不声不响地培植党羽。太子胤礽性格骄横，仗着身份地位经常欺负兄弟。胤禛虽被太子欺压，但是隐忍不发，在 1708 年康熙帝第一次废太子之后，胤禛不计前嫌，为胤礽说情，给康熙帝留下了友爱兄弟的印象。半年后，康熙帝下旨复立胤礽太子，胤禛晋封为雍亲王。

值得一提的是，在康熙帝第一次废太子后，十三阿哥胤祥被波及，失宠了很久，后来他和四阿哥胤禛成为盟友，兄弟二人建立了紧密的联系。

太子胤礽在复位之后与八阿哥胤禩斗得不可开交，朝中大臣纷纷选边站队，而雍亲王胤禛却是两边都不得罪，暗中积蓄力量。胤祥、隆科多、年羹尧都成了他的帮手，为胤禛日后登基称帝起了举足轻重的作用。

1712 年，胤礽再次被废，两年后，康熙帝又下旨训斥八阿哥胤禩，但是始终没有再立太子。一向韬光养晦的胤禛则因为精明能干，在康熙帝晚年颇受重用。同时，胤禛的同母兄弟胤祯异军突起，称大将军王，出征西北。

1722 年，康熙帝驾崩，四阿哥胤禛继承皇位，改元雍正。关于胤禛如何登基，三百年来众说纷纭，即使在当时，诸王见雍亲王登基也是惊诧不已。而隆科多统领大内禁军，支持胤禛登基，诸王只好咬牙切齿地承认了雍正皇帝。

雍正帝深知宗室朝臣对自己登基都心怀疑虑，为了稳定皇位，他首先找来十三弟胤祥当帮手，封其和硕怡亲王，总理户部，执掌财政大权，又将胤禩封为和硕廉亲王，和胤祥一起总理朝政。为了避讳雍正皇帝胤禛，胤祥主动上书要求将诸兄弟改为允字辈。雍正帝的同母兄弟胤祯也改名为允禵。当时允禵还在西北打仗，雍正帝派人召允禵回京，将其软禁了起来，让年羹尧代替允禵，继续西北的战事。

康熙末年，吏治腐败，财政亏空，雍正帝登基后就下令整顿吏治，在次年颁行火耗归公和养廉银，并且下旨追讨亏空，严惩贪官污吏，一时间众多官员纷纷被抄家而破产。

雍正帝登基后又实行了一项极为重要的政策——摊丁入亩，废除人头税，将人头税摊入田亩中征收，缓解了农民的负担，让农民不再因为人口太多、土地太少而无法承担税赋，这项政策的实施也直接导致清朝人口的快速增长。

为了避免九子夺嫡的重演，雍正帝召集众大臣，称已在"正大光明"牌匾后面放了密诏，等自己死了以后打开密诏就可以知道下一任皇帝是谁。这就是秘密立储制度。秘密立储制度在清朝实施了一百余年，咸丰帝以后宫廷子嗣稀薄，以致无子可立，秘密立储制度也就随之消亡了。

　　1724 年，年羹尧在西北大捷，雍正帝大喜，随后就开始清算八爷党。廉亲王允禩性格温和，素有惧内之名，雍正帝勒令他和福晋完颜氏离婚，又将允禩、允禟、允禵三兄弟陆续囚禁起来，允禩和允禟还被开除宗籍，改名阿其那与塞思黑，在狱中潦倒而死。在收拾了八爷党之后，帮助雍正帝坐上皇位的年羹尧和隆科多也被雍正帝清算，年羹尧被赐死，而隆科多作为胤禛名义上的舅舅则在幽禁中死去。

　　自 1726 年开始，雍正帝在西南继续实行改土归流，用朝廷派去的流官代替当地世袭的土司。改土归流最早始于明朝永乐年间，历经三百余年，到雍正年间基本完成，自此，贵州、云南、广西被纳入中央王朝的管控之中。

　　1729 年，雍正帝下旨设立军机处，由皇帝直接控制，辅佐皇帝处理国家军政大事。军机处的设立，标志着中国专制皇权达到了顶峰。

　　也就是在这一年，一个叫曾静的人曾拜吕留良为师，想要反清复明，就鼓动大将岳钟琪造反，到处散播雍正帝篡位的流言，雍正帝没有将曾静一杀了之，反而亲自和曾静辩论起来，还写成了《大义觉迷录》到处宣传。不久，雍正帝又大兴文字狱，将吕留良的家人及其门生处死、流放。

　　次年，怡亲王允祥病逝，这对于重病中的雍正帝是一个巨大的打击。雍正帝非常悲痛，追谥其怡贤亲王，子孙世袭罔替。还特别将允祥改回了胤祥。此外，雍正帝写了很多感情真挚的祭文来怀念十三弟。就连怡亲王的葬礼也是极尽哀荣。雍正帝甚至还派人盯着葬礼现场，有谁在怡亲王葬礼上表现得不好，都会被惩处。于是雍正帝的三哥诚亲王允祉就倒了霉，他被人举报在怡亲王的葬礼上迟到早退，雍正帝便将他削爵囚禁。

　　1735年，爱新觉罗·胤禛病逝于圆明园，享年58岁，庙号世宗。

乾隆帝：十全武功，故步自封

　　1711 年，爱新觉罗·弘历出生于北京雍亲王府，是雍亲王的第五个儿子，齿序是第四子，生母钮祜禄氏当时仅是王府中的格格。

　　1722 年，康熙帝驾崩于畅春园，雍亲王胤禛登基，时年 12 岁的弘历也因此成了皇子，他的母亲钮祜禄氏也母以子贵被册封为熹妃。

　　雍正帝共有十个儿子，但是仅有四个长大成人，其中三阿哥弘时不得雍正帝喜爱，五阿哥弘昼性格荒唐，而四阿哥弘历自幼就非常聪慧，曾被祖父康熙帝养育在宫中。因而雍正帝在登基第二年，就将弘历的名字写在密诏上放在"正大光明"的牌匾后。

　　1727 年，三阿哥弘时被削除宗籍，赶出皇宫，次年抑郁而终。与此同时，弘历奉旨迎娶了察哈尔总管李荣保之女富察氏为妻。1733 年，弘历又晋爵为宝亲王，基本确立了继承人地位。

　　两年后，雍正驾崩，弘历顺利即位，改元乾隆，尊生母钮祜禄氏为皇太后。乾隆帝登基初期励精图治，完善军机处制度，整顿吏治，颇有其父勤政的风范。

经过康熙、雍正两朝的积累，到了乾隆朝国力已经达到鼎盛。人口、耕地大幅增长，国库充盈，使得乾隆帝有充足的底气开疆拓土，维护清朝版图统一。

作为专制君主，乾隆帝加强了思想钳制，文字狱愈演愈烈，单乾隆一朝就有一百余起。与此同时，也有多部重要著作在乾隆时期修成，比如《明史》等。其中最为重要的就是大型文献丛书《四库全书》。

值得一提的是，乾隆帝非常喜欢书画、诗词，一生写了四万多首诗，珍藏了众多名家作品，还会在上面盖各种印章，被当代网友戏称为"盖章狂魔"。

1747 年，大金川土司叛乱，出兵攻击小金川。大小金川位于四川西北部，是四川通往西藏、青海、甘肃等地的咽喉地区，战略位置极为重要。

自大金川土司色勒奔病故后，大小金川就矛盾不断，最终变成了真刀实枪的战争。乾隆帝出兵平叛，在围困大金川两年之后才取得胜利。

1755 年，乾隆帝出兵讨伐准噶尔部达瓦齐，直捣伊犁，达瓦齐兵败被俘，被乾隆帝封为亲王。不久，阿睦尔撒纳又发动叛乱，乾隆帝再次率军平叛，阿睦尔撒纳逃往沙俄，最终病死在西西伯利亚。清朝在天山北路设立了将军、参赞大臣等职位，加强了对新疆的统治，有效遏制了沙俄、英国的侵扰。

在平定准噶尔部的同时，天山南路的大小和卓也企图割据一方，乾隆帝出兵镇压，在 1759 年平定了叛乱。

1771 年，伊犁迎来了一支从欧洲东归的部落——土尔扈特部。他们是蒙古瓦剌的后裔，明朝崇祯年间东迁至伏尔加河。随着沙俄不断扩张，土尔扈特部的生存空间越来越小，无奈之下只好率部东归。土尔扈特部的首领渥巴锡还带回了三百年前明成祖朱棣赐给瓦剌的印信。乾隆帝封渥巴锡为卓理克图汗，自此，漠西蒙古也完全被纳入中央王朝的管辖之中。

也就是在这一年，大小金川联合造反，攻击周边土司，乾隆帝出兵平叛，经过五年血战，最终在 1776 年彻底平定。清朝为了这次战役投入了六十万兵力、七千万两白银，代价巨大。之后乾隆帝对大小金川故地实行改土归流，将其隶属在四川省的管辖之下，结束了这一地区的混乱局势。

随着清军战事的节节胜利，乾隆帝也日益骄傲自满，好大喜功，再没有登基初期的锐意进取、励精图治之象。土地兼并严重，贪官污吏横行，百姓生活日渐困苦。而端坐于皇位之上的乾隆帝却依然觉得大清还是一个强大的帝国。

自 1751 年开始，乾隆帝六次南巡江南，虽然名为巡视水利，但是每次都耗资巨大，劳民伤财，使得国库日益空虚。为了弥补亏空，乾隆帝用捐纳获得了大量收入。所谓捐纳，又称捐官，是指富人花钱买官进入仕途。到了乾隆时期更进一步，对官位明码标价，使得捐纳成为常态，一时间卖官鬻爵之风盛行。这些通过捐纳入仕的官员上任后必然会加倍剥削百姓，使得社会矛盾更加激化。

乾隆帝自然知道捐纳制度弊大于利，但是捐纳获得的收入实在巨大，导致清朝将此制变成了常态。

乾隆帝晚年对和珅非常宠信，导致和珅的权力日渐膨胀，他一边极力奉承乾隆帝，一边为自己揽权敛财，乾隆帝还将自己最喜欢的小女儿和孝公主嫁给了和珅的儿子丰绅殷德。然而乾隆帝钦点的这桩婚事却让小女儿的后半生陷入了凄凉潦倒。

乾隆帝有十七个儿子，到了他晚年时，儿子大多已去世或是过继出去，仅有五个儿子可以选择，分别是皇八子永璇、皇十一子永瑆、皇十二子永璂、皇十五子永琰、皇十七子永璘，其中永璂是废后那拉氏之子，不招乾隆帝待见，永璘年纪太小，永璇和永瑆都是淑嘉皇贵妃所生，一个有脚疾，一个又被乾隆帝评价为优柔寡断，如此一来就仅有永琰可以为储君。于是乾隆帝将永琰（后更名为颙琰）的名字放进"正大光明"牌匾之后。

1792 年，自认十全老人的乾隆帝将自己从 1747 年至今的十次战争称为"十全武功"，这十全武功分别是两平金川、两平准噶尔、平定大小和卓叛乱、清缅战争、平定台湾林爽文起义、清越战争、两平廓尔喀。十全武功维护了版图的统一，使清朝版图北至恰克图，南至南海，西至巴尔喀什湖，东至库页岛，是当时世界上人口第一大、版图第二大的国家。然而在这些武功的背后，是日渐空虚的国库和日渐穷苦的百姓。

次年，英国使者马嘎尔尼带着使团来到中国，祝贺乾隆皇帝大寿，因礼仪问题发生争执，清朝要求使团像外藩朝贡那样三跪九叩，而马嘎尔尼却坚决不同意，最终清朝同意只行单膝下跪礼。马嘎尔尼访华希望与清朝建立通商贸易，但是被乾隆帝拒绝了。

马嘎尔尼认为大清帝国已经不堪重负，相比欧洲科技发展的日新月异，清朝的故步自封已经让国家处于倒退状态。

1795年，时年85岁的乾隆帝取出"正大光明"牌匾后面的密诏，立十五阿哥永琰为皇太子，并在次年禅位，改元嘉庆。

乾隆帝虽然退位当了太上皇，但是依然遥控着朝政，掌握着实权。四年后，爱新觉罗·弘历在养心殿去世，终年89岁，庙号高宗。嘉庆帝亲政之后不久，就将和珅抄家下狱，时人有称"和珅跌倒，嘉庆吃饱"。

中国从古代到近代的转折:
嘉道中衰与鸦片战争

嘉庆四年正月壬戌日（1799 年 2 月 7 日），太上皇乾隆帝寿终正寝之后，已过不惑之年的嘉庆皇帝终于得以亲政。他要做的第一件事，就是立刻下旨将身兼数十个重要官职，当权了 20 多年的权臣和珅及其同党全部革职抄家，据不完全统计，光从和珅一家查抄出来的财产就高达八亿至十一亿两白银，这相当于什么概念呢？据乾隆帝本人讲，他退位之前大清国库每年还有七千万两白银的入账，也就是说抄了一个和珅，就等于整个大清帝国全力运转 15 年的收入总和。

谁都以为，嘉庆帝有了这笔巨款，不说带领大清朝中兴，起码将"康乾盛世"再往下延续几年，问题应该不大吧？但嘉庆帝需要面对的现实情况，却完全不是这样。

当时的欧洲已经开始了工业革命，整个世界都在翻天覆地地变化，就在当年马嘎尔尼访华时，法国已经率先废除了封建君主制，建立了世界上第一个由资产阶级政治统治的国家（最早的资本主义革命发生在荷兰，但资产阶级政治统治并未确立）法兰西第一共和国。而马嘎尔尼进献给乾隆蒸汽机、连发手枪、天体运行仪等代表着当时英国最先进的科技产品，却被乾隆皇帝视为"奇技淫巧"，并未引起足够的重视，这使得清朝完美地错过了融入世界的最佳时机。而在乾隆去世的同一年，美国第一任总统乔治·华盛顿也随之上了天堂，不过人家在那个时候已经结束了两届总统任期，退休在家安享天年很久了。

而相较于日新月异的西方世界，刚刚亲政的嘉庆帝所要面对的，却是父亲留下的千疮百孔的烂摊子。由于乾隆帝晚年好大喜功，又贪图享乐，国库早已处于"真空"状态。而以和珅为首的贪官污吏又在地方上大肆兼并土地，百姓民怨沸腾，国家不堪重负。就在嘉庆元年，也就是爱新觉罗·颙琰登基但还未亲政的时候，川楚地区就发生了清朝中期规模最大的一次农民起义——白莲教起义，农民军转战于湖北、四川、河南、陕西各地，持续时间长达九年，不仅斩杀了清朝十多名提督、总兵等高级武官，彻底暴露了八旗兵早已不复当年的事实，揭掉了乾隆帝的最后一块遮羞布，更重要的是，嘉庆帝为了给父亲擦屁股，前前后后共计投入了两亿两白银，方才平定了叛乱。但是，按下葫芦浮起瓢，白莲教刚刚平定，直隶、河南、山东等地又发生了天理教叛乱。天理教的规模虽然不及白莲教，但这场史称"汉唐宋明未有之变"的叛乱绝对是史上最严重的一次，因为天理教教徒竟然能买通宫里的太监，趁嘉庆帝去承德围猎时，直接攻进了紫禁城，要不是二儿子旻宁亲自带着守卫用鸟枪击退了叛军，后果则不堪设想。嘉庆帝执政期间，天灾人祸不断，没收和珅的那点财产不能说少，但对于需要拆东墙补西墙的嘉庆帝来说无异于杯水车薪。

基本上，正史、野史从未见有关嘉庆帝荒淫昏庸的负面评价，而且嘉庆帝人品也没得说，他勤勉、简朴、宽爱仁厚，但在政治上却毫无建树，虽然他和他爷爷雍正帝一样，每天天不亮就起床批阅奏折，但他也是个墨守成规的皇帝，执政期间几乎完全承袭祖制，只要是祖宗说过的或做过的，他都依样画葫芦，直到去世的前一天，还在孜孜不倦地处理政务。但这对已经病入膏肓的清朝来说于事无补，反倒在他执政的20多年里，使王朝积重难返的各种问题完全表面化，那个曾经的"天朝上国"已经不复存在，取而代之的是人口爆炸，却又民生凋敝，内忧外患再也捂不住的"嘉道中衰"。

嘉庆二十五年（1820），爱新觉罗·颙琰在承德避暑山庄突然去世，享年61岁。那个曾用鸟枪击退天理教叛军的二儿子爱新觉罗·旻宁继位，是为道光皇帝。清朝到了道光手里的时候，已经不能用"国库空虚"来形容了，最贴切的就是一个字：穷。这一点从皇帝的生活起居就能看出一二。

道光是历史上有名的节俭皇帝，他还是亲王的时候，就过过和王妃两人一人一个烧饼就着热茶当作一顿晚饭的苦日子。等他当了皇帝，就差把"穷"字写在脸上了，他不仅自己穿打补丁的裤子，还规定"宫中用膳，每日不得超过四碗"，一天吃多少饭都要明文规定，对于一个皇帝来说，真可谓是"抠"到了极致。而皇后佟佳氏就更可怜了，当王妃时就吃不好，成为皇后之后，日子居然更难了，不仅脂粉钱没了，就连过生日，道光也只是请她吃了一碗打卤面以示祝贺。

但一生节俭的道光帝却并不知道，整个朝堂之上，"穷"的就只是他皇帝一人而已，满朝文武为了迎合他，都穿打补丁的衣服上朝，可退朝回家之后，仍然是山珍海味，大鱼大肉。而且他们还有另外的娱乐项目——鸦片。英国人从雍正朝就开始不断对中国输入鸦片，虽然历代皇帝都有严格的鸦片禁令，但却屡禁不止，等到了道光年间，通过走私贸易进入清朝的鸦片早已泛滥成灾。不仅民间吸食者众多，就连宫里的侍卫和太监，甚至皇族中也有不少人沾染上了恶习。每年外流的白银超过六百万两，致使国内发生严重的银荒，造成银贵钱贱，财政枯竭。

1838 年，时任湖广总督的林则徐上书，痛陈西方国家对我国大量倾销鸦片的危害，如果再不加以禁止，数十年后，"中原几无可以御敌之兵，且无可以充饷之银"。林则徐得到了道光帝的支持，并被任命为钦差大臣，入广州查处禁烟。

1839 年 6 月 3 日，林则徐下令将在十三行没收的 237 万多斤鸦片全部在虎门海滩上当众销毁，整个过程持续了近一个月，这便是震惊中外的"虎门销烟"。

道光帝的强硬态度，最终成了英帝国发动战争的借口，一年之后，由英国政府任命的远征军总司令懿律，便带着 40 艘军舰及 4000 多名士兵舰队封锁了广州、厦门等处的海口，截断中国的海外贸易。随后，又以惊人的速度攻城略地，直抵天津大沽口，企图逼迫道光开放口岸通商，第一次鸦片战争正式打响。

清朝自清太祖努尔哈赤建国以来，首次受到如此严重的外部威胁，面对与西方列强的第一次直接冲突，平日里抠门到家的道光皇帝这次不再吝啬，他不惜掏空家底，也要打赢这场关乎国运的战争。然而，早已腐败透了的官僚和军队却无法支撑这位帝王的雄心，仅仅抵抗了一年多，道光帝就不得不在残酷的现实面前低头，最终于 1842 年 8 月 29 日，签署了丧权辱国的《南京条约》，随后又与美、法签订了《望厦条约》和《黄埔条约》。清朝从此开始走向没落，中国也开始一步步沦为半殖民地半封建社会。

1850 年，69 岁的爱新觉罗·旻宁郁郁而终，四子奕詝继位，年号咸丰。一生节俭的道光皇帝，在临死前终于奢侈了一把，豪掷四百多万两白银在清西陵为自己打造了一座极致奢华的陵墓。

掌权半个世纪的慈禧太后

她统治中国近半个世纪，重帝听政，两立幼帝，有人说她推行洋务，中兴大清；有人说她贪图享乐，弄权乱政，使得中国沦为国半殖民地半封建社会。那么慈禧太后的一生究竟是怎样的？她的功过又该如何评价呢？

孝钦显皇后叶赫那拉氏，满洲镶蓝旗人，出生于1835年，也就是世人熟知的慈禧太后。其父惠征官僚出身，曾任安徽宁池太广道的道员。

1852年，刚登基不久的咸丰帝下旨选秀，时年18岁的叶赫那拉氏被选入宫中，封兰贵人。值得一提的是，与叶赫那拉氏一同被选入宫中的还有贞嫔钮祜禄氏，也就是后来的慈安太后。

由于咸丰帝的发妻早逝，后宫无主，贞嫔入宫之后即被视为新一任皇后人选，入宫仅半年就被立为皇后，而叶赫那拉氏当时还声名不显，与英嫔、丽贵人一起居住在储秀宫。

叶赫那拉氏年轻貌美，又能说会道，很快就得到了咸丰帝的关注，入宫两年就从贵人晋升为懿嫔，懿的意思是温和、安懿，可见在咸丰帝眼中懿嫔是一个温柔的女人。这与她后来工于心计、权倾朝野的形象大相径庭。

1856 年，懿嫔生下皇长子载淳，这也是咸丰帝唯一的儿子。懿嫔母以子贵，晋升妃位，次年正月，晋封为贵妃，地位仅次于皇后。

此时的清朝已经内忧外患，摇摇欲坠，外有西方列强虎视眈眈，内有太平天国烽烟四起。1860 年，英法联军攻打北京，咸丰帝带着前朝后宫仓皇逃亡到热河，英法联军火烧圆明园。

次年，咸丰帝在承德避暑山庄病重，临终前指定自己唯一的儿子，时年仅有 6 岁的载淳继位。为了让儿子能坐稳皇位，咸丰帝任命顾命八大臣辅佐朝政，又授予皇后御赏之印，以及懿贵妃的同道堂之印，新皇帝的圣旨只有盖上这两枚印章才能生效。咸丰帝此举是想让前朝后宫互相制衡。然而在咸丰帝死后，局势发生了一百八十度的大逆转，懿贵妃不再是一个普通的嫔妃，而是执掌大清帝国朝政大权达半个世纪的实际统治者。

咸丰帝指定的顾命八大臣分别是载垣、端华、景寿、肃顺、穆荫、匡源、杜翰、焦佑瀛，其中并没有恭亲王奕䜣。

恭亲王奕䜣是咸丰的异母弟，为人精明强干，但是不招皇兄待见，咸丰帝出逃之前让恭亲王留守北京收拾烂摊子，有意将他排挤出权力中心。慈禧有意垂帘听政，却被八大臣阻拦。肃顺等人仗着资历深厚，不把年轻的慈禧母子放在眼里，把小皇帝吓得尿了裤子。慈禧为了大权独掌，便联合慈安太后，秘密派人去北京向恭亲王求援。

恭亲王收到消息后，就以奔丧之名前去热河，与慈禧商议了政变的计划。在两人的谋划之下，恭亲王控制了京城周边的军队，慈禧和慈安带着小皇帝提前回京，然后就下令让恭亲王抓捕八大臣，夺取了权力，史称"辛酉政变"。

两宫太后垂帘听政，改年号为同治，叶赫那拉氏作为皇帝生母，上徽号慈禧皇太后，皇后作为嫡母，上徽号慈安皇太后。由于同治年幼，慈安又不喜欢政治，因此日常政务都是由慈禧过问。

自 1861 年开始，以恭亲王为首的洋务派推行洋务运动，引进西方的先进生产技术，建立了近代工业。慈禧掌权后，大力重用洋务派，期望通过"师夷之长技以制夷"来抵御西方列强对清朝的冲击。

1864 年，清军攻陷太平天国首都天京，洪秀全之子洪天贵福被凌迟处死，历时十四年的太平天国运动宣告灭亡。

清朝暂时平息了内忧外患的局面，出现了中兴之景，被称作"同治中兴"。然而这所谓的中兴只是晚清的回光返照，并不能让腐朽的清朝从根本上发生改变，故步自封，保守落后，中国在西方列强的侵蚀之下，逐渐沦为半殖民地半封建社会。

1872 年，时年 17 岁的同治皇帝到了成婚亲政的时候，然而在皇后的人选上，两宫太后发生了分歧，慈安太后看中了状元公崇绮之女阿鲁特氏，而慈禧却看中了出身大族的富察氏。而同治帝本人赞同嫡母的意思，立了阿鲁特氏为皇后，但是慈禧对这个儿媳妇却是非常不待见，这也注定了阿鲁特氏日后的悲剧命运。

次年，同治帝亲政，但是由于常年掌权，慈禧在朝中依然有着相当的影响力。1875 年，同治因感染天花去世，由于没有兄弟和儿子，慈禧立既是侄子也是外甥的载湉为帝，改年号光绪，继续与慈安垂帘听政。而同治帝的皇后阿鲁特氏则被迫自杀。

慈安作为咸丰帝嫡后，虽然很少过问朝政，任由慈禧处理，但是在重大事务上，仍需要慈安同意才能实行，时人评价慈安"优于德"，慈禧"优于才"。1881年，慈安太后病逝，慈禧大权独揽。三年后，慈禧发动政变，罢免军机大臣，驱逐恭亲王，史称"甲申易枢"。但是很快慈禧又要面临卷帘归政的问题。

1887年，时年17岁的光绪帝开始亲政，然而慈禧太后依然通过"训政"牢牢地掌握朝政大权。两年后，慈禧又将侄女静芬嫁给光绪帝为皇后，即为隆裕皇后。然而由于隆裕长相不佳，性格懦弱，不得光绪帝喜爱。与她一同入宫的珍嫔他他拉氏成了光绪帝的红颜知己。

光绪帝年轻气盛，锐意进取，但是苦于受慈禧的管制，虽有皇帝之名，却无皇帝之实，就连自己喜欢的女人也保护不了。1894年，珍嫔晋封为珍妃，没过多久就因忤逆太后的罪名被扒掉衣服打了一顿，降为贵人，虽然很快又复位了，但是已经被慈禧记恨于心。

也就是在这一年，日本占领了朝鲜王宫，驱逐驻朝清军，并袭击了增援朝鲜的清朝军舰，甲午战争爆发。通过三十年洋务运动，清朝建立了北洋水师，引入西方军事工业，自认能击败地域狭小、资源贫乏的日本，然而开战以后的结果让人始料未及。清军一败涂地，被迫在1895年与日本签订了《马关条约》，割让辽东半岛、台湾全岛及其附属各岛屿、澎湖列岛给日本。虽然在俄、法、德三国的干预之下，日本放弃辽东半岛，然而清朝已是颜面扫地。为了偿付赔款，清朝不得不向列强大借外债，作为交换，清朝需要将关税这样的经济命脉交给列强把持，换得苟延残喘。

甲午战争失败后，列强又掀起了新一轮瓜分中国的热潮。1897 年冬，德国出兵强占胶州湾，以梁启超、康有为为首的维新派人士上书光绪帝，要求立即推行变法，否则国将不国，次年6月，光绪帝下诏正式开始变法，发布了一百多条新政，史称"戊戌变法"。新政一经发布，就遭到了保守派铺天盖地的反对，他们聚集在慈禧太后周围，极力反对变法。9月18日，康有为联络袁世凯，想让袁世凯率军围攻慈禧，袁世凯满口答应，转过头就去向慈禧告密。

慈禧当机立断，将光绪帝软禁于瀛台，下令捕杀维新派，再度临朝"训政"。历时百日的维新运动失败了，清朝再无自救中兴的可能。然而通过这百日维新，有识之士都认识到正是因为清朝皇室的统治，才让中国一直处于腐朽落后之中，只有推翻皇帝，才有自救、崛起的可能。

戊戌变法失败以后，义和团运动遍布华北，他们以"扶清灭洋"为口号向西方殖民者发起冲击。慈禧有意通过扶持义和团来打击洋人的势力，英、法、俄、美、奥等八国组成联军攻打义和团，占领北京及周边地区，慈禧带着光绪帝仓皇出逃，临走时还将珍妃推入井中淹死。

1901 年，清朝与十一国签订《辛丑条约》，清政府成了帝国主义统治中国的工具，中国已完全沦为半殖民地半封建社会。

《辛丑条约》签订之后，清朝开始了最后的革新——清末新政，废除科举制度，训练新军，改革法制。然而这些新政仍然是以保留清朝皇室为目的，旧有的贵族势力仍然不愿放弃手中的权力与富贵。

　　1908年，慈禧病重，临终前指定光绪帝之侄、时年仅3岁的溥仪继位，又派人毒死了光绪帝。1908年11月15日，慈禧去世，享年74岁，谥孝钦显皇后。1912年2月12日，清朝灭亡。

附录：中国历史大事年表

约公元前 2070 年，启建立夏朝。

约公元前 1600 年，夏朝灭亡，商朝建立。

约公元前 1320 年，盘庚迁都于殷。

约公元前 1046 年，周武王伐纣，商朝灭亡，西周建立。

约公元前 1042 年，周公旦东征，平定"三监"及武庚之乱。

公元前 841 年，国人暴动，驱逐周厉王。

公元前 771 年，申侯引犬戎进攻周幽王，西周灭亡。诸侯拥立原太子宜臼登基，是为周平王。

公元前 770 年，周平王东迁至洛邑，史称东周。

公元前 707 年，周桓王联合陈、蔡、虢、卫四国讨伐郑庄公，被郑庄公击败，周天子威信扫地，再无力号令诸侯。

公元前 685 年，齐桓公即位，任用管仲为相，推行改革，齐国崛起。

公元前 632 年，城濮之战，晋文公退避三舍，楚军轻敌冒进，大败。

公元前 606 年，楚庄王问鼎中原，在周都洛阳列兵示威。

公元前 579 年，第一次弭兵之会，约定晋、楚不再相争。

公元前 546 年，第二次弭兵之会，晋、楚并列为霸主，小国需向霸主纳贡。

公元前 494 年，夫椒之战，吴王夫差大败越国。

公元前 473 年，越王勾践灭吴。

公元前 453 年，韩、赵、魏三家分晋。

公元前 422 年，魏国李悝变法，魏国开始崛起。

公元前 386 年，楚悼王任用吴起变法。

公元前 386 年，周天子封田和为齐侯，是为田氏代齐。

公元前 356 年，秦孝公任用商鞅变法，秦国开始崛起。

公元前 307 年，赵武灵王推行胡服骑射，赵国开始崛起。

公元前 278 年，秦国攻破楚国郢都，屈原投汨罗江自尽。

公元前 260 年，长平之战，秦国斩杀、坑杀赵军四十五万人。

公元前 221 年，秦王嬴政统一六国，建立大一统政权，称始皇帝。

公元前 210 年，秦始皇在东巡途中死亡，赵高与李斯秘密立胡亥为帝，杀蒙恬、扶苏。

公元前 209 年，陈胜、吴广起义。

公元前 207 年，秦朝灭亡。

公元前 202 年，垓下之战，项羽乌江自刎，刘邦建立西汉。

公元前 200 年，白登之围，汉朝与匈奴结和亲之约。

公元前 180 年，诸吕之乱，吕后病死后，宗室、大臣合力剿灭吕氏势力，迎立代王刘恒为帝，是为汉文帝。

公元前 154 年，七国之乱，历时三月平定。

公元前 121 年，霍去病击败匈奴，为汉朝取得河西走廊。

公元前 91 年，巫蛊之祸，太子刘据死。

公元前 33 年，昭君出塞，汉元帝选宫女王嫱和亲匈奴。

公元 9 年，王莽称帝，建立新朝，西汉灭亡。

公元 23 年，王莽兵败被杀，新朝灭亡。

公元 25 年，刘秀建立东汉。

公元 184 年，黄巾起义。

公元 189 年，董卓进京，废少帝刘辩，立献帝刘协。

公元 196 年，曹操迎献帝于许县，挟天子以令诸侯。

公元 200 年，官渡之战，曹操大败袁绍。

公元 208 年，赤壁之战，孙刘联军大败曹军，三国鼎立之势形成。

公元 214 年，刘备取益州。

公元 220 年，献帝禅让，汉朝灭亡，曹丕称帝建魏。

公元 221 年，刘备称帝，建立蜀汉。

公元 222 年，夷陵之战，东吴大败蜀汉。

公元 229 年，孙权称帝，建立东吴。

公元 249 年，高平陵之变，司马氏掌握曹魏实权。

公元 263 年，邓艾偷渡，蜀汉后主刘禅开城投降，蜀汉灭亡。

公元 265 年，魏帝曹奂退位，司马炎登基称帝，建立西晋。

公元 280 年，西晋灭东吴，完成统一。

公元 291 年，"八王之乱"开始，共两个阶段，第一阶段为贾南风杀楚王司马玮、汝南王司马亮，独揽大权；第二阶段为公元 300 年贾南风杀太子司马遹，宗室诸王混战不休。

公元 311 年，永嘉之乱，刘聪攻破洛阳。

公元 316 年，刘曜攻陷长安，西晋灭亡。

公元 317 年，司马睿建立东晋。

公元 383 年，淝水之战，东晋谢玄大败前秦天王苻坚。

公元 386 年，拓跋珪建立代国，后改称魏，即北魏。

公元 399 年，孙恩之乱席卷江东。

公元 403 年，桓玄篡晋，次年被刘裕所灭，刘裕掌握东晋大权。

公元 420 年，刘裕称帝，国号大宋，史称刘宋。

公元 430 年，元嘉北伐。

公元 439 年，北魏统一北方。

公元 471 年，北魏孝文帝拓跋宏即位，推行改革。

公元 479 年，刘宋灭亡，萧道成称帝，建立南齐。

公元 502 年，南齐灭亡，萧衍称帝，建立南梁。

公元 523 年，北魏六镇起义。

公元 528 年，北魏河阴之变，尔朱荣屠杀北魏宗室、文武大臣。

公元 534 年，北魏分裂为东魏、西魏。

公元 548 年，南梁侯景之乱。

公元 550 年，高洋称帝，建立北齐，东魏灭亡。

公元 557 年，宇文觉称天王，建立北周，西魏灭亡。

同年，陈霸先称帝，建立南陈，南梁灭亡。

同年，北周灭北齐。

公元 581 年，杨坚称帝，建立隋朝，北周灭亡。

公元 589 年，隋朝灭南陈，统一全国。

公元 617 年，李渊晋阳起兵。

公元 618 年，李渊称帝，建立唐朝，隋朝灭亡。

公元 626 年，玄武门之变。

公元 627 年，玄奘取经。

公元 664 年，唐高宗李治上尊号为天皇，武后上尊号为皇后，二圣临朝。

公元 690 年，武则天称帝，改国号为周，史称武周。

公元 705 年，神龙政变，武则天被迫还政于中宗。

公元 755 年，安史之乱，唐朝由盛转衰。

公元 835 年，甘露之变，唐文宗李昂被宦官挟持，忧愤而死。

公元 878 年，黄巢起义。

公元 907 年，朱温称帝，建立后梁，唐朝灭亡。

同年，耶律阿保机称帝，国号契丹。

公元 923 年，李存勖称帝，建立后唐，同年，灭后梁。

公元 936 年，石敬瑭引辽国灭后唐，称儿皇帝，建立后晋。

公元 947 年，辽太宗耶律德光灭后晋，改国号大辽。

同年，刘知远称帝，建立后汉。

公元 951 年，郭威称帝，建立后周，后汉灭亡。

公元 960 年，陈桥兵变，后周恭帝柴宗训下诏禅让，赵匡胤建立宋朝。

公元 986 年，雍熙北伐，宋军失败，对辽转攻为守。

公元 1005 年，宋和辽签订《澶渊之盟》。

公元 1038 年，李元昊称帝，建立西夏。

公元 1043 年，庆历新政。

公元 1069 年，王安石变法。

公元 1115 年，完颜阿骨打称帝，建立金朝。

公元 1120 年，宋、金海上之盟，联合灭辽。

公元 1125 年，辽国灭亡。

公元 1127 年，靖康之变，北宋灭亡，赵构建立南宋。

公元 1141 年，宋、金绍兴和议。

公元 1142 年，岳飞遇害。

公元 1161 年，完颜亮进攻南宋，战事受挫，死于政变。

公元 1163 年，隆兴北伐，次年和议。

公元 1195 年，庆元党禁，权相韩侂胄查禁理学。

公元 1206 年，开禧北伐，宋军战败。

同年，铁木真统一蒙古，建立大蒙古国，上尊号成吉思汗。

公元 1207 年，史弥远、杨皇后杀韩侂胄，与金国议和。

公元 1227 年，蒙古灭西夏。

公元 1234 年，蒙古灭金，南宋端平入洛失败。

公元 1271 年，忽必烈改国号为大元。

公元 1276 年，元朝灭南宋。

公元 1323 年，南坡之变，元英宗硕德八剌被刺杀。

公元 1328 年，两都之战，元武宗一系与泰定帝一系争夺皇位，元武宗次子图帖睦尔获胜。

同年，明太祖朱元璋出生。

公元 1351 年，刘福通、韩山童红巾起义。

公元 1363 年，鄱阳湖大战，朱元璋击败陈友谅。

公元 1368 年，朱元璋建立明朝，北伐驱逐元朝。

公元 1399 年，靖难之役，燕王朱棣起兵造反，历时四年，攻入南京登基。

公元 1405 年，朱棣派遣郑和出使西洋。

公元 1407 年，《永乐大典》修成。

公元 1421 年，明朝迁都北京。

公元 1449 年，土木堡之变，明英宗朱祁镇被瓦剌俘虏。

公元 1521 年，明武宗朱厚照驾崩，堂弟朱厚熜继位，引发大礼议之争。

公元 1567 年，隆庆开关，明朝解除海禁。

公元 1592 年，日本侵略朝鲜，明朝出兵支援。

公元 1616 年，努尔哈赤建立后金。

公元 1619 年，萨尔浒之战，明军惨败，再也无力遏制后金崛起。

公元 1636 年，皇太极称帝，改国号大清。

公元 1644 年，李自成攻入北京，崇祯帝在煤山自缢，吴三桂引清军入关。

公元 1662 年，郑成功收复台湾。

公元 1673 年，三藩之乱，吴三桂起兵造反。

公元 1683 年，清朝统一台湾。

公元 1689 年，清朝与沙俄签订《尼布楚条约》。

公元 1729 年，雍正设立军机处。

公元 1771 年，土尔扈特部东归。

公元 1792 年，《四库全书》修成。

公元 1813 年，天理教起义，清朝走向衰落。

公元 1839 年，虎门销烟，林则徐在东莞虎门海滩当众销毁鸦片两百余万斤。

公元 1840 年，第一次鸦片战争。

公元 1851 年，太平天国运动。

公元 1856 年，第二次鸦片战争。

公元 1860 年，英法联军火烧圆明园。

公元 1861 年，辛酉政变，慈禧、慈安垂帘听政。

同年，洋务运动开始。

公元 1878 年，左宗棠收复新疆。

公元 1883 年，中法战争。

公元 1884 年，甲申易枢，慈禧驱逐恭亲王，大权独揽。

公元 1894 年，甲午战争，清军全军覆没，洋务运动破产。

公元 1898 年，戊戌变法，历时一百零三天失败，又称"百日维新"，慈禧将光绪帝幽禁于瀛台。

同年，义和团运动兴起。

公元 1900 年，八国联军出兵镇压义和团，慈禧太后向列国宣战，清军战败，八国联军占领北京，慈禧带着光绪帝出逃，史称"庚子国变"。

公元 1904 年，日俄战争。

公元 1908 年，光绪帝、慈禧去世，时年仅 3 岁的溥仪继位。

公元 1911 年，武昌起义。

公元 1912 年 2 月 12 日，清朝灭亡。